Übungsbuch zur japanischen Grammatik

Martina Ebi

Übungsbuch zur japanischen Grammatik

Mit einem Schlüssel zu den Übungen

gottfried egert verlag
2021

Übungsbuch zur japanischen Grammatik

von
Dr. Martina Ebi, Eberhard Karls Universität Tübingen

Bibliografische Information Der Deutschen Bibliothek
Die Deutsche Bibliothek verzeichnet diese Publikation in der Deutschen Nationalbibliografie; detaillierte bibliografische Daten sind im Internet über <http://dnb.ddb.de> abrufbar.

ISBN 978-3-936496-54-3

www.egertverlag.de
Gedruckt auf Recyclingpapier aus 100% Altpapier

Herstellung: Sonnendruck GmbH, Wiesloch
Printed in Germany

klimaneutral
natureOffice.com | DE-291-24F9VYR
gedruckt

Vorwort

Das vorliegende Übungsbuch zur japanischen Grammatik ergänzt die *Praktische Grammatik der japanischen Sprache*, die ebenfalls im *gottfried egert verlag* erschienen ist, und deckt somit die Grundgrammatik bis NJLPT Level 4 ab. Sie finden bei den Übungsanweisungen einen Verweis auf das jeweilige Grammatikkapitel in der Praktischen Grammatik.

Das Übungsbuch ist als lehrbuchunabhängiges Übungsbuch konzipiert. Sie können entweder eines der 19 Kapitel zu einzelnen Wortklassen oder Sprachhandlungen durcharbeiten oder im Index am Buchende nach dem Wort/Phänomen suchen, das Sie üben möchten. Allerdings finden Sie nur im Basislevel oder für die Wortmorphologie eine gezielte Übung zu einem einzelnen Ausdruck (wie z.B. die Konjunktion たら tara), meist wurden ähnliche Phänomene zusammengefasst (also z.B. die konditionalen Konjunktionen). Es gibt vor allem Einsetz-, Zuordnungs- und Umformungsübungen, Multiple-Choice-Fragen und Übersetzungsübungen vom Deutschen ins Japanische. Wenn nicht anders erwähnt oder aus dem sprachlichen Kontext ersichtlich, sind die Übungen im höflichen Stil zu erledigen. Die Richtigkeit Ihrer Lösungen können Sie selbstständig im Lösungsteil nach Kapitel 19 überprüfen.

Alle Übungen gibt es in der Kanji-Kana-Mischschreibweise und in Umschrift. So können auch die Lernenden unter Ihnen die Grammatik üben, die die Schriften nicht beherrschen. Meist folgt die Umschrift dem Teil im Kanji-Kana-Mischstil, so dass die Kanji-Fans unter Ihnen nicht von der Umschrift abgelenkt werden. Bei der Transkription wurde die Hepburn-Umschrift verwendet. Die devokalisierten Vokale u und i zwischen stimmlosen

Konsonanten oder am Wortende, die also fast unhörbar sind, wurden in der Umschrift tiefgestellt notiert. Die Kanji ab ca. NJLPT Level 3 sind bei der Ersterwähnung in einer Übung mit Lesehilfen versehen.

Ich habe versucht, möglichst einfaches Vokabular zu verwenden. Bei komplizierteren, elaborierteren Konstruktionen hat allerdings auch das Vokabular zwangsläufig ein höheres Niveau. Das Niveau der Übungen ist mit Sternchen markiert.

Mein Dank gilt Herrn Professor Otto Winkelmann und Dr. Yumiko Katō für ihre Korrekturen und Verbesserungsvorschläge.

Ich wünsche Ihnen viel Freude beim Japanischlernen!

Tübingen, im Februar 2021

Martina Ebi

Inhaltsverzeichnis

Kapitel 1 Sprachstile

1. Setzen Sie in den neutralen Stil.* (§ 7)

a) います　b) あります　c) なります　d) 言います

e) 思います　f) 見ます　g) 行きます　h) 来ます

i) 話します　j) します　k) 持ちます　l) 遊(あそ)びます

m) 泳(およ)ぎます　n) 死にます　o) 読みます　p) 大きいです

q) 本当(ほんとう)です　r) 好(す)きです　s) 早いです　t) です

a) imas$_{u}$　b) arimas$_{u}$　c) narimas$_{u}$　d) iimas$_{u}$

e) omoimas$_{u}$　f) mimas$_{u}$　g) ikimas$_{u}$　h) kimas$_{u}$

i) hanashimas$_{u}$　j) shimas$_{u}$　k) mochimas$_{u}$　l) asobimas$_{u}$

m) oyogimas$_{u}$　n) shinimas$_{u}$　o) yomimas$_{u}$　p) ōkii des$_{u}$

q) hontō des$_{u}$　r) s$_{u}$ki des$_{u}$　s) hayai des$_{u}$　t) des$_{u}$

2. Setzen Sie in den höflichen Stil.* (§ 8)

a) 使う　b) 帰る　c) 分かる　d) 聞く

e) 出す　f) 待つ　g) 運ぶ　h) 飲む

i) 食べる　j) いる　k) 急ぐ　l) 起きる

m) 死ぬ　n) する　o) 来る　p) 痛(いた)い

q) 面白(おもしろ)い　r) 変(へん)だ　s) 普通(ふつう)だ　t) だ

a) ts$_{u}$kau　b) kaeru　c) wakaru　d) kiku

e) dasu　f) matsu　g) hakobu　h) nomu

i) taberu　j) iru　k) isogu　l) okiru

m) shinu　n) suru　o) kuru　p) itai

q) omoshiroi　r) hen da　s) futsū da　t) da

3. Verbinden Sie die Phrasen mit der gleichen Bedeutung.** (§ 10)

1. 食べる taberu	a) いらっしゃる irassharu
2. する suru	b) おっしゃる ossharu
3. いる iru	c) ご覧(らん)になる go-ran ni naru
4. 見る miru	d) なさる nasaru
5. 行く iku	e) 召(め)し上がる meshiagaru
6. 言う iu	

4. Ihnen werden die folgenden Fragen gestellt. Wie antworten Sie passend? ** (§ 11)

1. お元気ですか。

   a) はい、お元気です。b) はい、元気です。

2. (Sie heißen Müller.) ミュラーさんですか。

   a) はい、ミュラーです。

   b) はい、ミュラーさんです。

3. あした いらっしゃいますか。

   a) あしたはおりません。 b) あしたはいらっしゃいません。

4. 何とおっしゃいましたか。

   a) 何もおしゃいませんでした。b) 何も言いませんでした。

5. 何か召(め)し上がりますか。

   a) ありがとうございます。でも、先ほどケーキを召し上がりました。

   b) ありがとうございます。でも、先ほどケーキを食べました。

1. O-genki des$_u$ ka.
   a) Hai, o-genki des$_u$. b) Hai, genki des$_u$.
2. (Sie heißen Müller.) Myurā-san des$_u$ ka.
   a) Hai, Myurā des$_u$.
   b) Hai, Myurā-san des$_u$.
3. Ash$_i$ta irasshaimas$_u$ ka.
   a) Ash$_i$ta wa orimasen.
   b) Ash$_i$ta wa irasshaimasen.
4. Nan to osshaimash$_i$ta ka.
   a) Nani mo osshaimasen desh$_i$ta.
   b) Nani mo iimasen desh$_i$ta.
5. Nani ka meshiagarimas$_u$ ka.
   a) Arigatō gozaimas$_u$. Demo saki hodo kēki o meshiagari-mash$_i$ta.
   b) Arigatō gozaimas$_u$. Demo saki hodo kēki o tabemash$_i$ta.

5. Wie ist der Status des Gesprächspartners? ** (§§ 10-11)

↑ ranghöher; ↔ gleichrangig/distant; ↓ rangniedriger/nahe

a) 昼ご飯はもう食べた?

b) お昼ご飯はもう召(め)し上がりましたか。

c) 昼ご飯は もう 食べましたか。

d) いつお帰りになりますか。

e) いつ帰りますか。

f) いつ帰るの？

a) Hirugohan wa mō tabeta?

b) O-hirugohan wa mō meshiagarimash$_i$ta ka.

c) Hirugohan wa mō tabemash$_i$ta ka.

d) Itsu o-kaeri ni narimas$_u$ ka.

e) Itsu kaerimas$_u$ ka.

f) Itsu kaeru no?

6. Drücken Sie die Aussagen bescheiden aus.** (§ 11)

a) あした 行きます。

b) 山田さんに お土産(みやげ)をもらいました。

c) 案内(あんない)しましょうか。

d) 分かりました。

e) お名前を聞いてもいいですか。

f) 先月来ました。

g) 先生にはもう話しました。

a) Ash$_i$ta ikimas$_u$.

b) Yamada-san ni o-miyage o moraimash$_i$ta.

c) Annai shimashō ka.

d) Wakarimash$_i$ta.

e) O-namae o kiite mo ii des$_u$ ka.

f) Sengetsu kimash$_i$ta.

g) Sensei niwa mō hanashimash$_i$ta.

7. Drücken Sie die Sätze respektvoll aus.** (§ 10)

a) あしたいますか。

b) この写真をもう見ましたか。

c) 座(すわ)ってください。

d) この本をもう読みましたか。

e) どうしましたか。

a) Ash$_i$ta imas$_u$ ka.

b) Kono shashin o mō mimash$_i$ta ka.

c) Suwatte kudasai.

d) Kono hon o mō yomimash$_i$ta ka.

e) Dō shimash$_i$ta ka.

8. Was ist in den folgenden Sätzen falsch? *** (§§ 10-11)

a) 先生: おはようございます。

学生: おはよう。

b) 窓口(まどぐち)で伺(うかが)ってください。

c) 会長はもうお帰りになられました。

d) 先生はこの論文(ろんぶん)をもうお読みしましたか。

e) 社員: 課長(かちょう)、こちらで準備(じゅんび)をなさいますから…

a) Sensei: Ohayō gozaimas$_u$.
Gak$_u$sei: Ohayō.

b) Madoguchi de ukagatte kudasai.

c) Kaichō wa mō o-kaeri ni nararemash$_i$ta.

d) Sensei wa kono ronbun o mō o-yomi shimash$_i$ta ka.

e) Shain: Kachō, kochira de junbi o nasaimas$_u$ kara …

9. Wie würden Sie sich respektvoll ausdrücken? **

1. Ich führe Sie zu Ihrem Platz.
2. Haben Sie sich schon entschieden?
3. Kennen Sie Herrn Satō?
4. Ich rufe Sie später wieder an.
5. Herzlichen Dank, dass Sie am heutigen Tag gekommen sind.

Kapitel 2 Die Struktur des einfachen Satzes

1. Bilden Sie aus den Satzbausteinen Sätze.* (§§ 13-14)

1. 何 ・ か ・ これは ・ です ・ 。

2. ドイツ人 ・ です ・ 私は ・ 。

3. 何 ・ です ・ か ・ お名前は ・ 。

4. マイヤーさんは ・ 学生 ・ ミュンヘン大学の ・ です・。

5. チョコレートは ・ おいしい ・ スイスの ・ です ・ 。

6. 東京タワーは ・ 高い ・ とても ・ です ・ 。

7. 魚を ・ 日本人は ・ 食べます ・ よく ・ 。

8. 日本語を ・ マイヤーさんは ・ しています ・ 勉強 ・ 。

9. 日本語の ・ あります ・ か ・ あした ・ 授業(じゅぎょう)が ・ 。

10. 行きました ・ か ・ お兄さんは ・ どこへ ・ 。

1. nan ・ ka ・ kore wa ・ des$_u$ ・ .
2. Doitsu-jin ・ des$_u$ ・ watashi wa ・ .
3. nan ・ des$_u$ ・ ka ・ o-namae wa ・ .
4. Maiyā-san wa ・ gak$_u$sei ・ Myunhen daigaku no ・ des$_u$ ・ .
5. chokorēto wa ・ oishii ・ Suis$_u$ no ・ des$_u$ ・ .
6. Tōkyō Tawā wa ・ takai ・ totemo ・ des$_u$ ・ .
7. Sakana o ・ Nihon-jin wa ・ tabemas$_u$ ・ yoku ・ .
8. Nihon-go o ・ Maiyā -san wa ・ sh$_i$te imas$_u$ ・ benkyō ・ .
9. Nihon-go no ・ arimas$_u$ ・ ka ・ ash$_i$ta ・ jugyō ga ・ .
10. ikimash$_i$ta ・ ka ・ o-nīsan wa ・ doko e ・ .

2. Bilden Sie die Fragen zu den Antworten.** (§ 14)

1. はい、この本は面白(おもしろ)いです。
2. はい、ベルリンはドイツの首都(しゅと)です。
3. はい、林(はやし)さんはドイツ語を話します。
4. はい、あした東京に行きます。

1. Hai, kono hon wa omoshiroi des$_u$.
2. Hai, Berurin wa Doitsu no shuto des$_u$.
3. Hai, Hayashi-san wa Doitsu-go o hanashimas$_u$.
4. Hai, ash$_i$ta Tōkyō ni ikimas$_u$.

3. Bilden Sie die Fragen zu den Antworten. Verwenden Sie die Fragewörter in den Klammern.** (§ 14)

1. この人は山田先生です。（だれ）
2. きのうお寿司(すし)を食べました。（何）
3. きょうドイツ人の友達(ともだち)に会います。（だれ）
4. これは私のスマホです。（だれ）
5. あした東京に行きます。（どこ）
6. 水曜日に試験があります。（いつ）
7. 水曜日に試験があります。（何曜日）
8. このかばんは 2 万円です。（いくら）

1. Kono h$_i$to wa Yamada-sensei des$_u$. (dare)
2. Kinō o-sushi o tabemash$_i$ta. (nani)
3. Kyō Doitsu-jin no tomodachi ni aimas$_u$. (dare)
4. Kore wa watashi no sumaho des$_u$. (dare)
5. Ash$_i$ta Tōkyō ni ikimas$_u$. (doko)

6. Suiyōbi ni sh$_i$ken ga arimas$_u$. (itsu)

7. Suiyōbi ni sh$_i$ken ga arimas$_u$. (nanyōbi)

8. Kono kaban wa niman-en des$_u$. (ikura)

4. Antworten Sie mit den Wörtern in Klammern.* (§ 14)

1. 何歳(なんさい)ですか。（２１歳）
2. どこで働(はたら)いていますか。（デパート）
3. いつからデパートで働いていますか。（四月）
4. あしたどこへ行きますか。（東京）
5. 何で行きますか。（新幹線(しんかんせん)）
6. 切符はいくらですか。（一万円）

1. Nansai des$_u$ ka. (Nijūissai)
2. Doko de hataraite imas$_u$ ka. (Depāto)
3. Itsu kara depāto de hataraite imas$_u$ ka. (Shigatsu)
4. Ash$_i$ta doko e ikimas$_u$ ka. (Tōkyō)
5. Nani de ikimas$_u$ ka. (Shinkansen)
6. Kippu wa ikura des$_u$ ka. (Ichiman-en)

5. Beantworten Sie die Fragen.** (§ 15)

1. あの人は学生じゃないですか。はい、…。
2. 日本料理は好(す)きじゃありませんか。いいえ、…。
3. きのう、夕飯を食べませんでしたか。はい、…。
4. たばこはありませんか。いいえ、…。

1. Ano h$_i$to wa gak$_u$sei ja nai des$_u$ ka. Hai, … .
2. Nihon ryōri wa s$_u$ki ja arimasen ka. Iie, … .
3. Kinō, yūshoku o tabemasen desh$_i$ta ka. Hai, … .
4. Tabako wa arimasen ka. Iie, … .

Kapitel 3 Substantive

1. Welches ist die richtige Übersetzung? * (§ 23)

1. Japanische Freunde
a) 日本人の 友達（ともだち）
b) 友達の 日本人

2. Italienische Pizza
a) イタリアの ピザ
b) ピザの イタリア

3. Bier aus Deutschland
a) ドイツの ビール
b) ビールの ドイツ

4. mein Freund Oliver
a) 友達の オリバー
b) オリバーの 友達

5. Schweizer Käse
a) チーズ のスイス
b) スイスの チーズ

6. die Freunde von Oliver
a) 友達の オリバー
b) オリバー の友達

7. Französisches Brot
a) フランスの パン
b) パンのフランス

8. Amerikanischer Whisky
a) ウイスキーのアメリカ
b) アメリカのウイスキー

1. Japanische Freunde
   a) Nihon-jin no tomodachi
   b) tomodachi no Nihon-jin

2. Italienische Pizza
   a) Itaria no piza
   b) piza no Itaria

3. Bier aus Deutschland
   a) Doitsu no bīru
   b) bīru no Doitsu

4. mein Freund Oliver
   a) tomodachi no Oribā
   b) Oribā no tomodachi

5. Schweizer Käse
   a) chīzu no Suisu
   b) Suisu no chīzu

6. die Freunde von Oliver
   a) tomodachi no Oribā
   b) Oribā no tomodachi

7. Französisches Brot
   a) Furansu no pan
   b) pan no Furansu

8. Amerikanischer Whisky
   a) uis$_{u}$kī no Amerika
   b) Amerika no uis$_{u}$kī

2. Übersetzen Sie.** (§ 23)

1. 私の鞄(かばん)	1. watashi no kaban
2. あなたの部屋(へや)	2. anata no heya
3. 誰(だれ)の本	3. dare no hon
4. どこの店	4. doko no mise
5. 何の音	5. nan no oto
6. 何時の電車	6. nanji no densha
7. 大学時代からの友達(ともだち)	7. daigaku jidai kara no tomodachi
8. 私へのメール	8. watashi e no mēru
9. 明日までの宿題(しゅくだい)	9. ash$_{i}$ta made no shukudai
10. 中国との関係(かんけい)	10. Chūgoku to no kankei
11. 東京での一人暮(ひとりぐ)らし	11. Tōkyō de no h$_{i}$torigurashi

3. Übersetzen Sie.* (§ 23)

1. das Auto der Tochter von Frau Sato
2. die Homepage der Firma meines Mannes
3. ein Buch über die Geschichte Deutschlands
4. die Dozenten der Universitäten Japans
5. die Namen der japanischen Zeitungen
6. das Japanisch meines Lehrers
7. mein Japanischlehrer
8. wessen Telefonnummer
9. Schweizer Schokolade

4. Unterstreichen Sie den Relativsatz und übersetzen Sie den ganzen Satz.** (§ 24)

1. 着物を着ている人はだれですか。
2. これは娘が描(か)いた絵(え)です。
3. さつきさんとめいちゃんはお父さんが乗(の)っているバスを待っていました。
4. 皆(みな)が知っている歌を歌いましょう。
5. この時計はドイツに住んでいる友達(ともだち)にもらいました。
6. 鈴木(すずき)さんはきのう図書館の前で 10 万円も入っている財布(さいふ)を拾(ひろ)った。
7. 間もなく来る電車は大阪行(おおさかゆ)きです。
8. 私は母の作ってくれるホットケーキが大好きです。
9. 錆(さ)びたチェーンを油(あぶら)の足りないペダルが回(まわ)す音がします。

1. Kimono o kite iru h$_i$to wa dare des$_u$ ka.
2. Kore wa musume ga kaita e des$_u$.
3. Sats$_u$ki-san to Mei-chan wa o-tōsan ga notte iru bas$_u$ o matte imash$_i$ta.
4. Mina ga sh$_i$tte iru uta o utaimashō.
5. Kono tokei wa Doitsu ni sunde iru tomodachi ni morai-mash$_i$ta.
6. Suzuki-san wa kinō toshokan no mae de jūman-en mo haitte iru saifu o hirotta.
7. Ma mo naku kuru densha wa Ōsaka-yuki des$_u$.
8. Watashi wa haha no ts$_u$kutte kureru hottokēki ga dais$_u$ki des$_u$.
9. Sabita chēn o abura no tarinai pedaru ga mawasu oto ga shimas$_u$.

5. Verbinden Sie die beiden Sätze, indem Sie den zweiten als Relativsatz in den ersten einbauen.* (§ 24)**

1. これは電車です。大阪(おおさか)へ行きます。
2. これは写真です。東京で撮(と)りました。
3. これはパンです。きのう自分で作りました。
4. これはお土産(みやげ)です。友達(ともだち)からもらいました。
5. これはスマホです。父が買ってくれました。
6. これは猫(ねこ)カフェです。この間友達と行きました。
7. これは兄です。〇〇会社で働(はたら)いています。
8. この人は友達です。中国語が話せます。

1. Kore wa densha des$_u$. Ōsaka e ikimas$_u$.
2. Kore wa shashin des$_u$. Tōkyō de torimash$_i$ta.
3. Kore wa pan des$_u$. Kinō jibun de ts$_u$kurimash$_i$ta.
4. Kore wa o-miyage des$_u$. Tomodachi kara moraimash$_i$ta.
5. Kore wa sumaho des$_u$. Chihi ga katte kuremash$_i$ta.
6. Kore wa nekokafe des$_u$. Kono aida tomodachi to ikimash$_i$ta.
7. Kore wa ani des$_u$. Marumaru gaisha de hataraite imas$_u$.
8. Kono h$_i$to wa tomodachi des$_u$. Chūgoku-go ga hanasemas$_u$.

6. Übersetzen Sie.* (§ 24)**

1. Ich habe einen Freund, der in Japan lebt.
2. Wo ist die Schokolade, die ich gestern gekauft habe?
3. Zeig mir bitte die Fotos, die Du in Japan gemacht hast.
4. Mein Vater hat das Essen, das ich gekocht habe, nicht gegessen.
5. Ich hätte gerne Zeit, in der ich mit den Kindern spiele.

6. Wir werden in einem Hotel übernachten, das ein Schwimmbad hat.
7. Das Gericht, das meine Mutter bestellt hatte, war sehr teuer.
8. Ich suche ein Geschäft, das Essstäbchen verkauft.

7. Setzen Sie – wenn nötig – の no **oder** を o **ein.*** (§ 25)

1. 日本語___勉強していますか。
2. 来年、経済学(けいざいがく)___勉強___します。
3. 田中さんは去年アメリカに留学(りゅうがく)___しました。
4. これから新しいコンピューターの使い方___説明(せつめい)します。
5. 田中さんに連絡(れんらく)___してください。
6. 田中さんはだれと結婚(けっこん)___しましたか。
7. 先生は分かりにくい説明___しました。
8. だれがその記事(きじ)を翻訳(ほんやく)___しましたか。

1. Nihon-go ___ benkyō sh$_{i}$te imas$_{u}$ ka.
2. Rainen, keizaigaku ___ benkyō ___ shimas$_{u}$.
3. Tanaka-san wa kyonen Amerika ni ryūgaku ___ shimash$_{i}$ta.
4. Kore kara atarashii konpyūtā no ts$_{u}$kaikata ____ setsumei shimas$_{u}$.
5. Tanaka-san ni renraku ____ sh$_{i}$te kudasai.
6. Tanaka-san wa dare to kekkon ___ shimash$_{i}$ta ka.
7. Sensei wa wakarinikui setsumei ___ shimash$_{i}$ta.
8. Dare ga sono kiji o honyaku ____ shimash$_{i}$ta ka.

8. **Setzen Sie die Partikeln** の no **und** に ni **ein.*** (§ 26)

1. コーヒーショップはホテル__中__あります。
2. 駅__前__必(かなら)ずコンビニがあります。
3. レストラン__後ろ__何もありません。
4. 先生__隣(となり)__山田さんが座(すわ)っています。
5. テーブル__下__何がいますか。

1. Kōhī shoppu wa hoteru __ naka __ arimas$_u$.
2. Eki __ mae __ kanarazu konbini ga arimas$_u$.
3. Res$_u$toran __ ushiro __ nani mo arimasen.
4. Sensei __ tonari __ Yamada-san ga suwatte imas$_u$.
5. Tēburu __ sh$_i$ta __ nani ga imas$_u$ ka.

9. **Bringen Sie in die richtige Reihenfolge.**** (§ 26)

1. 前に ・ 図書館(としょかん)の ・ バス停(てい)が ・ あります。
2. 右に ・ スーパーの ・ 図書館は ・ あります。
3. 中に ・レストランが ・ ホテルの ・あります。
4. 机(つくえ)の ・ バッグを ・ 上に ・ 置(お)いてください。
5. 下に ・ 猫(ねこ)が ・ ソファの ・ います。
6. 東京(とうきょう)と ・ 名古屋(なごや)は ・ 間に ・ 京都(きょうと)の ・ あります。
7. 財布(さいふ)は ・ バッグの ・ 私の ・ 中に ・ ありました。
8. 隣(となり)に ・ だれも ・ 私の ・ 座(すわ)りません。

1. Mae ni ・ toshokan no ・ bas$_u$-tei ga ・ arimas$_u$.
2. Migi ni ・ sūpā no ・ toshokan wa ・ arimas$_u$.
3. Naka ni ・ res$_u$toran ga ・ hoteru no ・ arimas$_u$.
4. Ts$_u$kue no ・ baggu o ・ ue ni ・ oite kudasai.

5. Sh$_i$ta ni ・ neko ga ・ sofa no ・ imas$_u$.

6. Tōkyo to ・ Nagoya wa ・ aida ni ・ Kyōto no ・ arimas$_u$.

7. Saifu wa ・ baggu no ・ watashi no ・ naka ni ・ arimash$_i$ta.

8. Tonari ni ・ dare mo ・ watashi no ・ suwarimasen.

10. Übersetzen Sie.** (§ 26)

1. auf dem Tisch
2. unter dem Stuhl
3. hinter dem Computer
4. vor dem Supermarkt
5. neben mir
6. neben dem Bücherregal
7. zwischen den Bücherregalen
8. zwischen dem Fenster und der Tür

11. Wie wird „und“ im Japanischen wiedergegeben? **
(§§ 18-19; 124-129)

	と to	や ya	te-Form
1. Es gibt Tische und Stühle.			
2. Wir kaufen Bier und Wein und so.			
3. Er lachte und verließ das Zimmer.			
4. Heute und morgen bin ich weg.			
5. Japaner essen Reis und Fisch.			
6. Sie ist Hausfrau und Mutter.			

12. Übersetzen Sie.** (§§ 18-20, 124-129)

1. Sake und Sushi bitte!
2. Ich trinke Bier und Sake.
3. Ich trinke Bier und esse Brot.
4. Er sah Frau Sato und Herrn Suzuki.
5. Tokyo und Osaka sind große Städte.
6. Ich bereite Sushi, Sashimi und Tempura und so weiter zu.
7. Ich fahre nach Tokyo, Osaka, Kyoto, Hiroshima und so weiter.
8. Akiko betrat das Zimmer und setzte sich auf einen Stuhl.
9. Tokyo ist groß und belebt.
10. Als Getränke gibt es Kaffee oder Tee.

13. Setzen Sie の no **oder** こと koto **ein.**** (§§ 28-29)

1. 日本に行った_______がありますか。
2. 一人で勉強する_______があまり好(す)きじゃないです。
3. 新幹線(しんかんせん)が駅に入る_______を見た。
4. 来年ドイツに留学(りゅうがく)する_______になりました。
5. 趣味(しゅみ)は本を読む_______です。
6. 眠(ねむ)れなくて、朝早く目覚(めざ)める_______がある。

1. Nihon ni itta _______ ga arimas$_u$ ka.
2. H$_i$tori de benkyō suru _______ ga amari s$_u$ki ja nai des$_u$.
3. Shinkansen ga eki ni hairu _______ o mita.
4. Rainen Doitsu ni ryūgaku suru _______ ni narimash$_i$ta.
5. Shumi wa hon o yomu _______ des$_u$.
6. Nemurenak$_u$te, asa hayaku mezameru _______ ga aru.

14. Geben Sie Ratschläge.** (§ 30)

1. のどが痛いです。（薬を飲む）
2. 頭が痛いです。（音楽を聞く）
3. のどが痛くて、熱もあります。（病院に行く）
4. 寒いです。（厚いセーターを着る）
5. お腹が痛いです。（お菓子を食べる）

1. Nodo ga itai des$_u$. (Kusuri o nomu)
2. Atama ga itai des$_u$. (Ongaku o kiku)
3. Nodo ga itak$_u$te, netsu mo arimas$_u$. (Byōin ni iku)
4. Samui des$_u$. (Atsui sētā o kiru)
5. O-naka ga itai des$_u$. (O-kashi o taberu)

15. Welches ist der passende Ausdruck? *** (§§ 33, 34, 36)

1. 「うるさい！」と叱っても意味がない。犬は吠える {**a** もの | **b** わけ} だ。
2. 明子さんが試験に落ちた {**a** わけにはいかない | **b** はずがない}。成績の一番いい学生だから。
3. 先生にお手伝いを頼まれたら、断るわけ {**a** にはいかない | **b** だ}。

1. „Urusai!“ to shikatte mo imi ga nai. Inu wa hoeru {**a** mono | **b** wake} da.
2. Akiko-san ga shiken ni och$_i$ta {**a** wake niwa ikanai | **b** hazu ga nai}. Seiseki no ichiban ii gak$_u$sei da kara.
3. Sensei ni o-tetsudai o tanomaretara, kotowaru wake {**a** niwa ikanai | **b** da}.

Kapitel 4 Pronomina und Demonstrativa

1. In welchen Sätzen können Sie 私 watashi (+ Partikel) weglassen? ** (§ 37)

1. こんにちは。私は加藤(かとう)えみです。2. 私は高校一年生です。3. 私は京都に住んでいます。4. 私の趣味(しゅみ)はダンスです。5. 私は小学校の頃(ころ)から音楽が好(す)きで、バレエ教室に通っています。6. 私の好きな食べ物はイチゴです。7. 私はケーキもキャンディーもイチゴ味を選(えら)びます。8. 母はいつも私の誕生日(たんじょうび)にイチゴケーキを作ってくれます。9. 母は元々料理の先生だったので、料理がすごく上手です。10. でも、私は料理が好きじゃありません。11. だから、私は将来(しょうらい)ダンスの先生になりたいです。

1. Konnichi wa. Watashi wa Katō Emi des$_{u}$. 2. Watashi wa kōkō ichinen-sei des$_{u}$. 3. Watashi wa Kyōto ni sunde imas$_{u}$. 4. Watashi no shumi wa dansu des$_{u}$. 5. Watashi wa shōgakkō no koro kara ongaku ga s$_{u}$ki de, barē kyōsh$_{i}$tsu ni kayotte imas$_{u}$. 6. Watashi no s$_{u}$ki na tabemono wa ichigo des$_{u}$. 7. Watashi wa kēki mo kyandī mo ichigo aji o erabimas$_{u}$. 8. Haha wa itsumo watashi no tanojōbi ni ichigo kēki o ts$_{u}$kutte kuremas$_{u}$. 9. Haha wa motomoto ryōri no sensei datta node, ryōri ga sugoku jōzu des$_{u}$. 10. Demo, watashi wa ryōri ga s$_{u}$ki ja arimasen. 11. Dakara, watashi wa shōrai dansu no sensei ni naritai des$_{u}$.

2. Übersetzen Sie, ohne das Pronomen あなた anata zu verwenden.** (§§ 12, 37)

1. Wie heißen Sie?

2. Woher (=aus welchem Land) kommen Sie?

3. Mögen Sie Tempura?

4. (zu Frau Kato) Was haben Sie gestern gemacht?

5. Ich habe Sie warten lassen. (höflich)

6. Der Kuchen, den du gebacken hast, war lecker.

7. (zum Lehrer) Bis wie viel Uhr sind Sie heute da?

3. Setzen Sie das passende Fragepronomen ein.* (§ 38)

1. あの人は ______ ですか。

2. これは ______ ですか。

3. きのう ______ を食べましたか。

4. A: ______ 東京に着きましたか。
   B: ７時に着きました。

5. A: すみません、このお皿(さら)は ______ ですか。
   B: ３千円です。

6. A: ______ 勉強をしませんでしたか。
   B: 病気だったからです。

7. A:すみません、駅は ______ ですか。
   B: あそこです。

8. A:テーブルの下に ______ がいますか。
   B: 猫(ねこ)がいます。

9. A: さっき、 ______ と話しましたか。
   B: 加藤(かとう)さんという会社の人と話しました。

10. A: これは______の傘(かさ)ですか。
    B: あ、私のです。きのう、ここに忘(わす)れました。

11. A: きのう買ったワインは ______ ですか。
    B: それですよ。

12. A: ______ 映画が好(す)きですか。B: 怖(こわ)い映画が好きです。

1. Ano h$_i$to wa _____ des$_u$ ka.

2. Kore wa _____ des$_u$ ka.

3. Kinō _____ o tabemash$_i$ta ka.

4. A: _____ Tōkyō ni ts$_u$kimash$_i$ta ka.
   B: Sh$_i$chiji ni ts$_u$kimash$_i$ta.

5. A: Sumimasen, kono o-sara wa _____ des$_u$ ka.
   B: Sanzen-en des$_u$.

6. A: _____ benkyō o shimasen desh$_i$ta ka.
   B: Byōki datta kara des$_u$.

7. A: Sumimasen, eki wa _____ des$_u$ ka.
   B: Asoko des$_u$.

8. A: Tēburu no sh$_i$ta ni _____ ga imas$_u$ ka.
   B: Neko ga imas$_u$.

9. A: Sakki, _____ to hanashimash$_i$ta ka.
   A: Katō-san to iu kaisha no h$_i$to to hanashimash$_i$ta.

10. A: Kore wa _____ no kasa des$_u$ ka.
    B: A, watashi no des$_u$. Kinō koko ni wasuremash$_i$ta.

11. A: Kinō katta wain wa _____ des$_u$ ka.
    B: Sore des$_u$ yo.

12. A: _____ eiga ga s$_u$ki des$_u$ ka.
    B: Kowai eiga ga s$_u$ki des$_u$.

4. Setzen Sie die richtige Partikel ein: か ka, も mo **oder** でも demo.** (§§ 39-41)

1. あなたの好(す)きなところならどこ____いいです。

2. 捜(さが)したんですが、猫(ねこ)はどこに____いません。

3. だれ____がいるような気がします。

4. A: 何____言いましたか。

   B: いいえ、何____言いませんでした。

5. 何____いいから、好きなテーマについて話してください。

6. いつ____日本に行きたいです。

7. もう 10 時です。彼(かれ)はいつ____遅(おそ)いですね。

8. 今週は忙(いそが)しいですが、来週なら、いつ____いいですよ。

9. どんな人____変(か)わることができる。

1. Anata no s$_u$ki na tokoro nara doko __ ii des$_u$.

2. Sagash$_i$ta n des$_u$ ga, neko wa doko ni __ imasen.

3. Dare __ ga iru yō na ki ga shimas$_u$.

4. A: Nani ___ iimash$_i$ta ka.

   B: Iie, Nani __ iimasen desh$_i$ta.

5. Nan ___ ii kara, s$_u$ki na tēma ni tsuite hanash$_i$te kudasai.

6. Itsu __ Nihon ni ikitai des$_u$.

7. Mō jūji des$_u$. Kare wa itsu __ osoi des$_u$ ne.

8. Konshū wa isogashii des$_u$ ga, raishū nara, itsu __ ii des$_u$ yo.

9. Donna h$_i$to __ kawaru koto ga dekiru.

5. **Ersetzen Sie das zweite und alle weiteren Vorkommen des unterstrichenen Substantivs durch das Pronomen** の no **oder das Nullpronomen.**** (§ 42)

1. これは道子さんの傘(かさ)です。私の傘じゃありません。

2. このかばんはだれのかばんですか。

3. 花は好(す)きな花を取(と)ってください。

4. ビールは日本のビールがおいしい。

5. 私は新しいＴシャツが欲(ほ)しいです。赤いＴシャツと黒いＴシャツが欲しいです。

6. どんなスカートがいいですか。長いスカートと短(みじか)いスカートがありますが。

7. 魚をたくさん捕(と)りました。大きい魚と小さい魚を捕りました。

1. Kore wa Michiko-san no kasa des$_u$. Watashi no kasa ja arimasen.
2. Kono kaban wa dare no kaban des$_u$ ka.
3. Hana wa s$_u$ki na hana o totte kudasai.
4. Bīru wa Nihon no bīru ga oishii.
5. Watashi wa atarashii T-shatsu ga hoshii des$_u$. Akai T-shatsu to kuroi T-shatsu ga hoshii des$_u$.
6. Donna s$_u$kāto ga ii des$_u$ ka. Nagai s$_u$kāto to mijikai s$_u$kāto ga arimas$_u$ ga.
7. Sakana o tak$_u$san torimash$_i$ta. Ōkii sakana to chiisai sakana o torimash$_i$ta.

6. Welches ist das richtige Wort? * (§§ 43-44)

1. A: これはいくらですか。

   B: {**a** それ | **b** あれ} は２０００円です。

2. A: あの人はだれですか。

   B: {**a** あの人 | **b** この人} は隣(となり)の山田さんです。

3. A: どこが痛(いた)いですか。

   B: {**a** ここ | **b** そこ} が痛いです。

4. A: その本を取(と)ってくれない?

   B: {**a** あれ | **b** これ} ですか。

1. A: Kore wa ikura des$_u$ ka.
   B: {**a** Sore | **b** Are} wa nisen-en des$_u$.
2. A: Ano h$_i$to wa dare des$_u$ ka.
   B: {**a** Ano h$_i$to | **b** Kono h$_i$to} wa tonari no Yamada-san des$_u$.
3. A: Doko ga itai des$_u$ ka.
   B: {**a** Koko | **b** Soko} ga itai des$_u$.
4. A:Sono hon o totte kurenai
   B: {**a** Are | **b** Kore} des$_u$ ka.

7. Setzen Sie das richtige Wort ein: その sono, それ sore **oder** そんな sonna.* (§§ 43-45)

1. _____は何ですか。
2. ______セーターはいくらですか。
3. _____ 日本の歴史(れきし)の本をください。
4. A: 日本人はどうして平仮名(ひらがな)を使いますか。どうして漢字を廃止(はいし)しないのですか。
   B: ______ 難(むずか)しい質問をしないでください。
5. A: どの眼鏡(めがね)にしますか。
   B: ______ 黒いのはどうかな。

1. ______ wa nan des$_u$ ka.
2. ______ sētā wa ikura des$_u$ ka.
3. ______ Nihon no rek$_i$shi no hon o kudasai.
4. A: Nihon-jin wa dōsh$_i$te hiragana o ts$_u$kaimas$_u$ ka. Dōsh$_i$te Kanji o haishi shinai no des$_u$ ka.
   B: ______ muzukashii shitsumon o shinaide kudasai.
5. A: Dono megane ni shimas$_u$ ka.
   B: ______ kuroi no wa dō kana.

Kapitel 5 Zahlen- und Mengenangaben

1. Ordnen Sie die Dinge dem Zähleinheitswort zu.* (§ 48)

1. 一台 ichidai: ______________________________
2. 一本 ippon: ______________________________
3. 一枚 ichimai: ______________________________
4. 一個 ikko: ______________________________
5. 一つ h$_{i}$totsu: ______________________________

a) バナナ	h) 電車	o) 傘（かさ）	v) コンピューター
b) 写真	i) 原因（げんいん）	p) ボールペン	w) 問題
c) 瓶（びん）	j) お餅（もち）	q) 切符（きっぷ）	x) ロールパン
d) 木	k) 方法（ほうほう）	r) 切手	y) 部屋（へや）
e) トマト	l) カード‘	s) 車	z) バラの花
f) T シャツ	m) カメラ	t) コピー	
g) ラジオ	n) 紙	u) コピー機（き）	

a) banana	h) densha	o) kasa	v) konpyūtā
b) shashin	i) gen‘in	p) bōrupen	w) mondai
c) bin	j) o-mochi	q) kippu	x) rōru pan
d) ki	k) hōhō	r) kitte	y) heya
e) tomato	l) kādo	s) kuruma	z) bara no hana
f) T-shatsu	m) kamera	t) kopī	
g) rajio	n) kami	u) kopī-ki	

2. Setzen Sie das richtige Zähleinheitswort ein.** (§ 48)

a) 文楽の切符を___（2）もらいましたから、一緒に見に行きませんか。

b) ドイツのワインは___（1）いくらですか。

c) 80 円の切手を___（3）ください。

d) 僕は車を___（2）持っています。

e) 猫を___（5）もうちで飼っています。

f) 妹が__（1）と弟が__（2）います。つまり、__（4）兄弟です。

g) 読みたい本を___（10）注文しました。

h) どうして、スマホを___（3）持っていますか。

j) 卵を___（1）か___（2）ご飯に混ぜてください。

k) 質問がまだ___（1）ある。

a) Bunraku no kippu o ___ (2) moraimash$_i$ta kara, issho ni mi ni ikimasen ka.

b) Doitsu no wain wa ___ (1) ikura des$_u$ ka.

c) Hachijū-en no kitte o ___ (3) kudasai.

d) Boku wa kuruma o ___ (2) motte imas$_u$.

e) Neko o ___ (5) mo uchi de katte imas$_u$.

f) Imōto ga ___ (1) to otōto ga ____ (2) imas$_u$. Tsumari, ___ (4) kyōdai des$_u$.

g) Yomitai hon o ___ (10) chūmon shimash$_i$ta

h) Dōsh$_i$te, sumaho o ____ (3) motte imas$_u$ ka.

j) Tamago o ___ (1) ka ___ (2) gohan ni mazete kudasai.

k) Shitsumon ga mada ___ (1) aru.

3. Ordnen Sie die Wörter zu Sätzen an.** (§ 48)

a) ２個(こ)・りんごを・ください。

b) １本・と・二つ・焼(や)きそばを・ビールを・ください。

c) りんごを・二個の・一日・食べました。

d) 学生が・２万３千人・東京大学には・ぐらい・います。

e) 子供部屋(こどもべや)が・うちに・二つ・あります。

f) 女性(じょせい)に・３人の・インタビューを・しました。

g) 御殿場(ごてんば)まで・東京から・切符(きっぷ)が・5枚(まい)の・必要(ひつよう)です。

a) niko・ringo o・kudasai.

b) ippon・to・f$_{u}$tatsu・yakisoba o・bīru o・kudasai.

c) ringo o・ni-ko no・ichinichi・tabemash$_{i}$ta.

d) gak$_{u}$sei ga・niman sanzennin・Tōkyō daigaku niwa・gurai・imas$_{u}$.

e) kodomo-beya ga・uchi ni・f$_{u}$tatsu・arimas$_{u}$.

f) josei ni・sannin no・intabyū o・shimash$_{i}$ta.

g) Gotenba made・Tōkyō kara・kippu ga・gomai no・h$_{i}$tsuyō des$_{u}$.

4. Wie werden die Zahlenangaben gelesen? * (§ 48)

1. 一本　a) ippon　b) ichihon　c) ichipon
2. 六回　a) rokukai　b) rokkai
3. 一冊　a. issatsu　b) ichisatsu　c) h$_{i}$tosatsu
4. 十歳　a) jissai　b) jussai　c) jūsai
5. 四時　a) yonji　b) yoji　c) shiji
6. ３階　a) sangai　b) sankai

5. Was passt, ごろ goro **oder** ぐらい gurai**?** * (§ 49)

a) 何時________来ますか。

b) 何時間________かかりますか。

c) 3 時半________帰ります。

d) 10 人________から返事(へんじ)がきました。

e) あさって________結果(けっか)が分かると思います。

f) 専門家(せんもんか)は 2050 年________には気温(きおん)が 47 度を超(こ)えると考えている。

a) Nanji ____ kimas$_u$ ka.

b) Nanjikan ____ kakarimas$_u$ ka.

c) Sanji-han ____ kaerimas$_u$.

d) Jūnin _____ kara henji ga kimash$_i$ta.

e) Asatte _______ kekka ga wakaru to omoimas$_u$.

f) Senmonka wa 2050nen _______ niwa kion ga 47do o koeru to kangaete iru.

6. Übersetzen Sie.*

1. Wie viele Studierende sind da?
2. Wie viel kosten drei Mandarinen?
3. Ich habe 20 Postkarten geschrieben.
4. Drei Flaschen Bier bitte!
5. Ich habe zwei Nachtische gegessen.
6. Es kommen ungefähr 8 Freunde.
7. Es ist ungefähr 9 Uhr.
8. An der Theke war ein junger Mann.
9. Ich habe einen großen Bruder und zwei kleine Schwestern.

Kapitel 6 Partikeln

1. Bilden Sie Sätze. * (§ 55)

1. 明子さん・お寿司(すし)・食べます

2. お母さん・ケーキ・作ります

3. フランス人・ビール・あまり・飲みません

4. 若(わか)い人・本・読みません

5. 私・日本語・勉強しました

1. Akiko-san ・ o-s$_u$shi ・tabemas$_u$
2. O-kāsan ・ kēki ・ts$_u$kurimas$_u$
3. Furansu-jin ・ bīru ・amari ・nomimasen
4. Wakai h$_i$to ・hon ・yomimasen
5. Watashi ・Nihon-go ・benkyō shimash$_i$ta

2. Setzen Sie – wenn nötig – die richtige Partikel für das direkte Objekt ein: を o oder が **ga.**** (§§ 54, 55)

1. 毎日勉強 ___ しますか。

2. よく音楽 ___ 聞きますか。

3. 新しい携帯(けいたい)電話 ___ 欲(ほ)しい!!

4. あの映画 ___ 見たいですよ。

5. 日本語 ___ 話せますか。

6. 部屋(へや)を掃除(そうじ) ___ しましたか。

7. 佐藤(さとう)さん ___ 知っていますか。

8. すみませんが、その言葉(ことば)の意味 ___ 分かりません。

9. 日本語 ___ お上手ですね。

10. 佐藤さんはドイツ料理 ___ 好(す)きですか。

11. 人は高い給料(きゅうりょう) ___ もらいたがって、安いもの ___ 買いたがる。

1. Mainichi benkyō __ shimas$_{u}$ ka.
2. Yoku ongaku ___ kikimas$_{u}$ ka.
3. Atarashii keitai denwa ___ hoshii!
4. Ano eiga ___ mitai des$_{u}$ yo.
5. Nihon-go ___ hanasemas$_{u}$ ka.
6. Heya o sōji ___ shimash$_{i}$ta ka.
7. Satō-san ___ sh$_{i}$tte imas$_{u}$ ka.
8. Sumimasen ga, sono kotoba no imi ___ wakarimasen.
9. Nihon-go ___ o-jōzu des$_{u}$ ne.
10. Satō-san wa Doitsu ryōri ___ s$_{u}$ki des$_{u}$ ka.
11. H$_{i}$to wa takai kyūryō ___ moraitagatte, yasui mono ___ kaitagaru.

3. Was beschreibt das Nomen vor に ni? * (§§ 57-62)

A Ortsangabe **B** Richtung/Ziel **C** Zeitangabe

D Auslöser eines Gefühls **E** Indirektes Objekt **F** Ursprung

1. 大学の友達(ともだち)に会いました。
2. お母さんは台所(だいどころ)にいますか。
3. 金曜日に日本語のクラスがありますか。
4. ここに名前を書いてください。
5. このプレゼントをだれにもらいましたか。
6. 大仏(だいぶつ)の大きさにびっくりしました。
7. いつドイツに帰りますか。

1. Daigaku no tomodachi ni aimash$_{i}$ta.

2. O-kāsan wa daidokoro ni imas$_{u}$ ka.

3. Kinyōbi ni Nihon-go no kuras$_{u}$ ga arimas$_{u}$ ka.

4. Koko ni namae o kaite kudasai.

5. Kono p$_{u}$rezento o dare ni moraimash$_{i}$ta ka.

6. Daibutsu no ōkisa ni bikurri shimash$_{i}$ta.

7. Itsu Doitsu ni kaerimas$_{u}$ ka.

4. Bilden Sie Sätze.* (§§ 57-60)

1. お父さん・うち・帰ります

2. 明子さん・9時・起きます

3. 明子さん・学校・います

4. 電車・東京・着きました

5. 妹は・お母さん・プレゼント・あげます

1. O-tōsan ・uchi ・kaerimas$_{u}$

2. Akiko-san ・ 9ji ・ okimas$_{u}$

3. Akiko-san ・ gakkō ・ imas$_{u}$

4. Densha ・ Tōkyō ・ts$_{u}$kimash$_{i}$ta

5. Imōto wa・ o-kāsan ・ purezento ・agemas$_{u}$

5. Setzen Sie を o oder に ni ein.** (§§ 54, 60)

1. 先生は学生____漢字の書き方____説明(せつめい)しました。

2. この手紙____山田さん____渡(わた)してください。

3. 森(もり)さんは外国人____日本語____教えています。

4. お姉さん____謝(あやま)りなさい。

5. 分からなかったら、先生 ____ 聞いてください。

6. 音楽 ____ よく聞きます。

7. 牛乳(ぎゅうにゅう) ____ 冷蔵庫(れいぞうこ) ____ 入れましたか。

1. Sensei wa gak$_u$sei ____ kanji no kakikata ____ setsumei shimash$_i$ta.
2. Kono tegami ____ Yamada-san ____ watash$_i$te kudasai.
3. Mori-san wa gaikokujin ____ Nihon-go ____ oshiete imas$_u$.
4. O-nēsan ____ ayamarinasai.
5. Wakaranakattara, sensei ____ kiite kudasai.
6. Ongaku ____ yoku kikimas$_u$.
7. Gyūnyū ____ reizōko ____ iremash$_i$ta ka.

6. Setzen Sie, wenn nötig, die Partikel に ni ein.* (§ 58)

1. 明子(あきこ)さんは９時 ___ 朝ご飯を食べます。

2. 毎日 ___ 買い物をしますが、あした ___ はしません。

3. 土曜日 ___ 試験があります。

4. 春 ___ 桜(さくら)が咲(さ)きます。

5. 二時間 ___ 待ちました。

6. 村上春樹(むらかみはるき)は１９４９年１月１２日 ___ 生まれた。

7. いつ ___ 来ますか。

8. 何時 ___ 会いましょうか。

9. きのう ___ 学校に行きませんでした。

10. 来年 ___ また来てください。

11. バスは３０分前 ___ 出ました。

1. Akiko-san wa kuji ___ asagohan o tabemas$_u$.
2. Mainichi ___ kaimono o shimas$_u$ ga, ash$_i$ta ___ wa shimasen

3. Doyōbi ___ shiken ga arimas$_u$.

4. Haru ___ sakura ga sakimas$_u$.

5. Nijikan ___ machimash$_i$ta.

6. Murakami Haruki wa 1949nen ichigatsu jūninichi ___ umareta.

7. Its$_u$ ___ kimas$_u$ ka.

8. Nanji ___ aimashō ka.

9. Kinō ___ gakkō ni ikimasen desh$_i$ta.

10. Rainen ___ mata kite kudasai.

11. Bas$_u$ wa sanjuppun mae ___ demash$_i$ta.

7. Was beschreibt das Nomen vor で de**? *** (§§ 63-67)

A Ortsangabe **B** Mittel **C** Ausgangsmaterial

D Mengenbegrenzung **E** Grund

1. お酒(さけ)は米(こめ)で作ります。

2. どこで会いましょうか。

3. 自転車で学校に通っています。

4. お名前をカタカナで書いてください。

5. クラスで日本語で話さなければなりません。

6. 鈴木(すずき)さんは病気で仕事を休むらしいです。

7. これでよろしいですか。

8. 分からない漢字を辞書(じしょ)で調(しら)べます。

9. 現在(げんざい)、家族三人で暮(く)らしています。

10. 大雨で新幹線(しんかんせん)が一時間も遅(おく)れてしまった。

1. O-sake wa kome de ts$_u$kurimas$_u$.

2. Doko de aimashō ka.

3. Jitensha de gakkō ni kayotte imas$_u$.

4. O-namae o katakana de kaite kudasai.

5. Kurasu de Nihon-go de hanasanakereba narimasen.

6. Suzuki-san wa byōki de shigoto o yasumu rashii des$_u$.

7. Kore de yoroshii des$_u$ ka.

8. Wakaranai kanji o jisho de shirabemas$_u$.

9. Genzai, kazoku sannin de kurash$_i$te imas$_u$.

10. Ōame de shinkansen ga ichijikan mo okurete shimatta.

8. Welche Partikel ist die richtige? ** (§§ 64-67, 69, 73)

1. バターは牛乳(ぎゅうにゅう) {から | で} 作ります。

2. ボールペン {と | で} 書いてください。

3. 一人 {-- | で} 行きましたか。

4. 日本の家はたいてい木(き) {から | で} 作られています。

5. A: 新幹線(しんかんせん) {に | で} 乗(の)って、行きますか。

   B: いいえ、バス {に | で} 行きます。

6. 全部(ぜんぶ) {は | で} いくらですか。

7. きのう風邪(かぜ) {から | で} 来られませんでした。

1. Batā wa gyūnyū {kara | de} ts$_u$kurimas$_u$.

2. Bōrupen {to | de} kaite kudasai.

3. H$_i$tori {— | de} ikimash$_i$ta ka.

4. Nihon no ie wa taitei ki {kara | de} ts$_u$kurarete imas$_u$.

5. A: Shinkansen {ni | de} notte, ikimas$_u$ ka.

   B: Iie, bas$_u$ {ni | de} ikimas$_u$.

6. Zenbu {wa | de} ikura des$_u$ ka.

7. Kinō kaze {kara | de} koraremasen desh$_i$ta.

9. Setzen Sie に ni, で de **oder** へ e **ein.**** (§§ 57, 59, 63, 72)

1. 日本人は電車の中 ___ 電話をしますか。
2. 来年日本 ___ 行きます。
3. バス停(てい)はスーパーの前 ___ あります。
4. 大阪方面(おおさかほうめん) ___ の電車はいつも混(こ)んでいます。
5. スマホをテーブルの上 ___ 置(お)いてください。
6. 東京駅 ___ 横浜線(よこはません) ___ 乗(の)り換(か)えてください。。
7. 毎日食堂 ___ 昼ご飯を食べます。
8. イタリア ___ 暮(く)らしています。
9. こちら ___ どうぞ。
10. 間(ま)もなく大阪(おおさか) ___ 着(つ)きます。
11. 食べ ___ 行きませんか。

1. Nihon-jin wa densha no naka ___ denwa o shimas$_u$ ka.
2. Rainen Nihon ___ ikimas$_u$.
3. Bas$_u$-tei wa sūpā no mae ___ arimas$_u$.
4. Ōsaka hōmen ___ no densha wa itsumo konde imas$_u$.
5. Sumaho o tēburu no ue ___ oite kudasai.
6. Tōkyō eki ___ Yokohama-sen ___ norikaete kudasai.
7. Mainichi shokudō ___ hirugohan o tabemas$_u$.
8. Itaria ___ kurash$_i$te imas$_u$.
9. Kochira ___ dōzo.
10. Ma mo naku Ōsaka ___ ts$_u$kimas$_u$.
11. Tabe ___ ikimasen ka.

10. Setzen Sie ein: に ni **oder** で de.*** (§§ 57, 59, 63)

1. 学生は食堂___集まった。
2. どこ___住んでいますか。
3. この漢字を黒板(こくばん)___書いてください。
4. 父は銀行___働(はたら)いています。
5. 大きい会社___勤(つと)めています。
6. 少しあそこのベンチ_____休もうか。
7. 夏休みをイタリア___過(す)ごしました。

1. Gak$_u$sei wa shokudō __ atsumatta.
2. Doko __ sunde imas$_u$ ka.
3. Kono kanji o kokuban __ kaite kudasai.
4. Chichi wa ginkō __ hataraite imas$_u$.
5. Ōkii kaisha __ ts$_u$tomete imas$_u$.
6. S$_u$koshi asoko no benchi __ yasumō ka.
7. Natsuyasumi o Itaria __ sugoshimash$_i$ta.

11. Setzen Sie – wenn nötig – に ni, で de **oder** を o **ein.****
(§§ 56, 57, 59, 63)

1. 携帯(けいたい)はかばんの中 ___ あります。
2. 庭(にわ) ___ 桜(さくら)が咲(さ)いています。
3. 友達(ともだち)の家 ___ 映画を見ました。
4. 来年イタリア ___ 留学します。
5. 教室(きょうしつ) ___ だれもいません。
6. 子供(こども)の時よく公園(こうえん) ___ 遊(あそ)びました。
7. 今度の夏休みにヨーロッパ ___ 旅行する予定(よてい)です。

8. この道 ___ まっすぐ進(すす)んで、次(つぎ)の信号(しんごう) ___ 右 ___ 曲(ま)がってください。

9. A: カメラ売り場はどこ ___ ですか。
   B: この階段(かいだん) ___ 上がって、左側(がわ) ___ です。

10. 前 ___ 見てください。

1. Keitai wa kaban no naka ___ arimas$_u$.
2. Niwa ___ sakura ga saite imas$_u$.
3. Tomodachi no ie ___ eiga o mimash$_i$ta.
4. Rainen Itaria ___ ryūgaku shimas$_u$.
5. Kyōsh$_i$tsu ___ dare mo imasen.
6. Kodomo no toki yoku kōen ___ asobimash$_i$ta.
7. Kondo no natsuyasumi ni Yōroppa ___ ryokō suru yotei des$_u$.
8. Kono michi ___ massugu susunde, tsugi no shingō ___ migi ___ magatte kudasai.
9. A: Kamera uriba wa doko ___ des$_u$ ka.
   B: Kono kaidan ___ agatte, hidarigawa ___ des$_u$.
10. Mae ___ mite kudasai.

12. Welche Partikel passt? *

1. この花はだれ {に | を} もらいましたか。
2. あの人は日本の歴史(れきし) {に | を} よく知っています。
   日本の歴史 {に | を} 詳(くわ)しいです。
3. 公園(こうえん) {に | を} 歩きました。
4. 私はそのニュース {に | を} 驚(おどろ)きました。
5. 昨日(きのう)、洋子さん {に | と} 会いました。
6. このお金を何 {に | で} 使いますか。

7. その話をだれ {に | へ} 聞きましたか。

8. だれ {に | を} 待っていますか。

9. いつ京都（きょうと） {に | で} 着きますか。

10. 週 {に | を} 一回（いっかい）ピアノの授業（じゅぎょう）があります。

11. あなたは将来（しょうらい）何 {に | を} なりたいですか。

1. Kono hana wa dare {ni | o} moraimash$_{i}$ta ka.
2. Ano h$_{i}$to wa Nihon no rek$_{i}$shi {ni | o} yoku sh$_{i}$tte imas$_{u}$. Nihon no rek$_{i}$shi {ni | o} kuwashii des$_{u}$.
3. Kōen {ni | o} arukimash$_{i}$ta.
4. Watashi wa sono nyūs$_{u}$ {ni | o} odorokimash$_{i}$ta.
5. Kinō, Yōko san {ni | to} aimash$_{i}$ta.
6. Kono o-kane o nani {ni | de} ts$_{u}$kaimas$_{u}$ ka.
7. Sono hanashi o dare {ni | e} kikimash$_{i}$ta ka.
8. Dare {ni | o} matte imas$_{u}$ ka.
9. Itsu Kyōto {ni | de} ts$_{u}$kimas$_{u}$ ka.
10. Shū {ni | o} ikkai piano no jugyō ga arimas$_{u}$.
11. Anata wa shōrai nani {ni | o} naritai des$_{u}$ ka.

13. Setzen Sie die richtige Partikel ein, zur Auswahl stehen の no, と to oder や ya.** (§§ 18, 19, 23)

1. 日本 ____ ビールはおいしいですか。

2. 日本語 ____ 学生が二人来ました。マイヤーさん ____ ミュラーさんが来ました。

3. 東京____ 京都（きょうと）のような大都市（だいとし）には数（かず）多くの観光地（かんこうち）がある。

4. 私はドイツ語 ____ 英語だけ分かります。

5. カレーライスを一つ ____ オレンジジュースを一つください。

6. マックス: これは友達(ともだち) ____ オリバーです。

オリバー: こんにちは。オリバーです。

7. お酒(さけ) ____ ビール ____ どちらのほうが好(す)きですか。

1. Nihon ____ bīru wa oishii des$_u$ ka.
2. Nihon-go ____ gak$_u$sei ga f$_u$tari kimash$_i$ta. Maiyā-san ____ Myurā-san ga kimash$_i$ta.
3. Tōkyō ____ Kyōto no yō na daitoshi niwa kazu ōku no kankōchi ga aru.
4. Watashi wa Doitsu-go ____ Eigo dake wakarimas$_u$.
5. Karē rais$_u$ o h$_i$totsu ____ orenji jūs$_u$ o h$_i$totsu kudasai.
6. Makk$_u$su: Kore wa tomodachi ____ Oribā des$_u$.
   Oribā: Konnnichi wa. Oribā des$_u$.
7. O-sake ____ bīru ____ dochira no hō ga s$_u$ki des$_u$ ka.

14. Setzen Sie die richtige Partikel ein. Zur Auswahl stehen は wa **und** が ga.*** (§§ 53, 77-78, 172)

1. あの人 ___ だれですか。
2. きのう雨 ___ 降(ふ)りました。
3. 私 ___ 毎日ジョギングをします。
4. あしただれ ___ 来ますか。
5. きのうのパーティーに知らない人 ___ たくさんいました。
6. 山田さんは知っていますが、佐藤(さとう)さん ___ 知りません。
7. すみませんが、その言葉(ことば)の意味 ___ 分かりません。
8. 友達(ともだち) ___ 教えてくれたレストランはおいしいです。
9. 佐藤さん ___ ドイツ料理 ___ 好(す)きですか。
10. 象(ぞう) ___ 鼻(はな)___長いです。

1. Ano h$_{i}$to ___ dare des$_{u}$ ka.

2. Kinō ame ___ furimash$_{i}$ta.

3. Watashi ___ mainichi joggingu o shimas$_{u}$.

4. Ash$_{i}$ta dare ___ kimas$_{u}$ ka.

5. Kinō no pātī ni shiranai h$_{i}$to ___ tak$_{u}$san imash$_{i}$ta.

6. Yamada-san wa sh$_{i}$tte imas$_{u}$ ga, Satō-san ___ shirimasen.

7. Sumimasen ga, sono kotoba no imi ___ wakarimasen.

8. Tomodachi ___ oshiete kureta res$_{u}$toran wa oishii des$_{u}$.

9. Satō-san ___ Doitsu ryōri ___ s$_{u}$ki des$_{u}$ ka.

10. Zō __ hana ___ nagai des$_{u}$.

15. Setzen Sie は oder が ein.* (§§ 53, 77-78)

1. むかしむかし、あるところに、おじいさんとおばあさん ___ 住んでいました。**2.** おじいさん ___ 山へしばかりに、おばあさん ___ 川へ洗濯(せんたく)に行きました。**3.** おばあさん ___ 川で洗濯をしていました。**4.** すると、大きな桃(もも) ___ 流(なが)れてきました。**5.**「これ ___ いいお土産(みやげ)になるわ。」**6.** おばあさん ___ 大きな桃を家に持ち帰りました。**7.** そして、おじいさんとおばあさん ___ 桃を切ってみると、中から元気な男の赤ちゃん ___ 飛(と)び出(だ)してきました。

1. Mukashi mukashi, aru tokoro ni, o-jīsan to o-bāsan ___ sunde imash$_{i}$ta. **2.** O-jīsan ___ yama e shibakari ni, o-bāsan ___ kawa e sentak$_{u}$ ni ikimash$_{i}$ta. **3.** O-bāsan ___ kawa de sentak$_{u}$ o sh$_{i}$te imash$_{i}$ta. **4.** Suru to, ōki na momo ___ nagarete kimash$_{i}$ta. 5. „Kore ___ ii o-miyage ni naru wa." **6.** O-bāsan ___ ōki na momo o ie ni mochikaerimash$_{i}$ta. **7.** Sosh$_{i}$te, o-jīsan to o-bāsan ___ momo o kitte miru to, naka kara genki na okoto no akachan ___ tobidash$_{i}$te kimash$_{i}$ta.

16. Setzen Sie か ka, も mo **oder** でも demo **sowie ggfs. die Funktionspartikel ein.**** (§§ 39-41)

1. 部屋(へや)にだれ ___ いません。
2. A: 週末(しゅうまつ)、どこ ___行きましたか。
   B: いいえ、どこ___ 行きませんでした。
3. あしたのパーティーに何 ___ 持っていきましょうか。
4. あちこち探(さが)しましたが、財布(さいふ)はどこ___ ありません。
5. 日本に行ったことがありません。いつ ___ 日本に行きたいです。
6. 遅(おそ)いね。あの人はいつ ___ 遅刻(ちこく)するよ。
7. A: 打(う)ち合(あ)わせをいつしますか。
   B: いつ ___ いいですよ。来週はずっと暇(ひま)ですから。
8. 何 ___ ありませんが、どうぞ食べてください。
9. 遠慮(えんりょ)しないで何 ___ 聞いてくださいね。

1. Heya ni dare ___ imasen.
2. A: Shūmatsu, doko ___ ikimash$_{i}$ta ka.
   B: Iie, doko ___ ikimasen desh$_{i}$ta
3. Ash$_{i}$ta no pātī ni nani ___ motte ikimashō ka.
4. Achi kochi sagashimash$_{i}$ta ga, saifu wa doko ___ arimasen.
5. Nihon ni itta koto ga arimasen. Itsu ___ Nihon ni ikitai des$_{u}$.
6. Osoi ne. Ano h$_{i}$to wa itsu ___ chikoku suru yo.
7. A: Uchiawase o itsu shimas$_{u}$ ka.
   B: Itsu ___ ii des$_{u}$ yo. Raishū wa zutto hima des$_{u}$ kara.
8. Nani ___ arimasen ga, dōzo tabete kudasai.
9. Enryo shinaide nan ___ kiite kudasai ne.

17. Welche Sätze sind grammatikalisch korrekt? **

1. a) これは何もですか。
   b) これは何ですか。
   c) これは何がですか。
2. a) 部屋(へや)にだれはいますか。
   b) 部屋にだれがいますか。
   c) 部屋にだれかいますか。
3. a) 東京へのバス
   b) 東京にのバス
4. a) 1995 年に神戸(こうべ)で地震(じしん)がありました。
   b) あしたに大学に行きます。
   c) きのう図書館に行きました。
5. a) 日本語を勉強しています。
   b) 日本語の勉強をしています。
6. a) 先生に行きます。
   b) 先生のところに行きます。
7. a) 部屋で勉強しました。
   b) 部屋に勉強しました。

1. a) Kore wa nani mo des$_u$ ka.
   b) Kore wa nan des$_u$ ka.
   c) Kore wa nani ga des$_u$ ka.
2. a) Heya ni dare wa imas$_u$ ka.
   b) Heya ni dare ga imas$_u$ ka.
   c) Heya ni dare ka imas$_u$ ka.

3. a) Tōkyo e no bas$_u$
   b) Tōkyo ni no bas$_u$
4. a) 1995nen ni Kōbe de jishin ga arimash$_i$ta.
   b) Ash$_i$ta ni daigaku ni ikimas$_u$.
   c) Kinō toshokan ni ikimash$_i$ta.
5. a) Nihon-go o benkyō sh$_i$te imas$_u$.
   b) Nihon-go no benkyō o sh$_i$te imas$_u$.
6. a) Sensei ni ikimas$_u$.
   b) Sensei no tokoro ni ikimas$_u$.
7. a) Heya de benkyō shimash$_i$ta.
   b) Heya ni benkyō shimash$_i$ta.

18. Setzen Sie die Partikel も mo **und evtl. eine Funktionspartikel ein.*** (§ 79)

1. 明子さんは学生です。恵美(えみ)さん ____ 学生です。
2. 森(もり)先生に話したし、田中先生 ____ 相談(そうだん)したし、大丈夫ですよ。
3. この車は男性(だんせい)だけではなく、女性(じょせい) ____ 人気があります。
4. A: 牛乳(ぎゅうにゅう)を買ってきましたよ。
   B: 豆腐(とうふ) ____ 買いましたか。

1. Akiko-san wa gak$_u$sei des$_u$. Emi-san _____ gak$_u$sei des$_u$.
2. Mori-sensei ni hanash$_i$ta shi, Tanaka-sensei ____ sōdan sh$_i$ta shi, daijōbu des$_u$ yo.
3. Kono kuruma wa dansei dake dewa naku, josei ____ ninki ga arimas$_u$.
4. A: Gyūnyū o katte kimash$_i$ta yo.
   B: Tōfu ____ kaimaish$_i$ta ka.

19. Übersetzen Sie.***(§ 79)

1. A: Ich mag Tempura.
   B: Ich mag Tempura auch.
2. A: Ich spreche Japanisch.
   B: Ich spreche auch Koreanisch.
3. Meine kleine Schwester hat auch Akiko angerufen. (nicht nur Emi)
4. Auch meine kleine Schwester hat Akiko angerufen. (nicht nur ich)
5. Ich habe auch von meinem Vater ein Geschenk bekommen.

20. Welche Partikel passt?** (§§ 81-83)

1. お寿司(すし)を食べたことがありますが、一回(いっかい) {だけ | しか} です。
2. この店は小さい。お客様(きゃくさま)は 3 人 {だけ | しか} 入れない。
3. 息子(むすこ)は小さいころから漫画(まんが) {ばかり | しか} 読んでいる。
4. パーティーに私の知っている人はあまりいませんでした。明子さん {ばかり | だけ} 知っていました。
5. 同じクラスの人と {ばかり | しか} 話しません。

1. O-sushi o tabeta koto ga arimas$_u$ ga, ikkai {dake | sh$_i$ka} des$_u$.
2. Kono mise wa chiisai. O-kyaku-sama wa sannin {dake | sh$_i$ka} hairenai.
3. Mus$_u$ko wa chiisai koro kara manga {bakari | sh$_i$ka} yonde iru.
4. Pātī ni watashi no sh$_i$tte iru h$_i$to wa amari imasen desh$_i$ta. Akiko-san {bakari | dake} sh$_i$tte imash$_i$ta.
5. Onaji kurasu no h$_i$to to {bakari | sh$_i$ka} hanashimasen.

21. Setzen Sie die passende Partikel ein.***

1. 宿題（しゅくだい）___ 手伝（てつだ）いましょうか。

2. 日本の文化 ___ 興味（きょうみ）があります。

3. 昨日（きのう）学校___休みました。

4. 対策（たいさく）___急がないといけないと思います。

5. わたし ___車 ___ 要（い）りません。

6. テュービンゲンは Stocherkahn ___有名です。

7. このゲーム___男の人 ___人気___あります。

8. 試験 ___ 合格（ごうかく）しましたか。

9. パスタ___飽（あ）きてしまった。毎日食べていたから。

10. 多くの人が政府（せいふ）の対策（たいさく）___反対（はんたい）しました。

1. Shukudai ___ tetsudaimashō ka.
2. Nihon no bunka ___ kyōmi ga arimas$_u$.
3. Kinō gakkō ___ yasumimash$_i$ta.
4. Taisaku ___ isoganai to ikenai to omoimas$_u$.
5. Watashi ___ kuruma ___ irimasen.
6. Tyūbingen wa Stocherkahn ___ yūmei des$_u$.
7. Kono gēmu ___ otoko no h$_i$to ___ ninki ___ arimas$_u$.
8. Shiken ___ gōkaku shimash$_i$ta ka.
9. Pas$_u$ta ___ akite shimatta. Mainichi tabete ita kara.
10. Ōku no h$_i$to ga seifu no taisaku ___ hantai shimash$_i$ta.

22. Setzen Sie die richtige Partikel ein.* (§§ 74-75)**

1. あの人は１０年間 ________ DNA の研究をしてきた。

   a) にわたって　　　b) にかけて

2. 今、データー保護(ほご) ________ 関心(かんしん)が高まっている。

a) をめぐって　　　b) に関する

3. 経済(けいざい)が発展(はってん)する ________ 社会問題が増(ふ)えている。

a) に対して　　　b) につれて

4. 日本人 ________ 英語の発音は難(むずか)しいらしいです。

a) として　　　b) にとって

5. 鎌倉(かまくら)時代に入ると、天皇(てんのう) ________ 将軍(しょうぐん)が力を持った。

a) に代わって　　　b) にとって

6. 日 ________ 気分が変(か)わる。

a) につれて　　　b) によって

7. 人はいろいろな経験(けいけん) ________ 成長(せいちょう)する。

a) を通して　　　b) について

1. Ano h$_i$to wa 10nenkan ______ DNA no kenkyū o sh$_i$te kita.
   a) ni watatte　　　b) ni kakete

2. Ima, dētā hogo ______ kanshin ga takamatte iru.
   a) o megutte　　　b) ni kansuru

3. Keizai ga hatten suru ______ shakai mondai ga fuete iru.
   a) ni taish$_i$te　　　b) ni tsurete

4. Nihon-jin ______ eigo no hatsuon wa muzukashii rashii des$_u$.
   a) to sh$_i$te　　　b) ni totte

5. Kamakura jidai ni hairu to, Tennō ______ Shogun ga chikara o motta.
   a) ni kawatte　　　b) ni totte

6. Hi ______ kibun ga kawaru.
   a) ni tsurete　　　b) ni yotte

7. H$_i$to wa iroiro na keiken ______ seichō suru.
   a) o tōsh$_i$te　　　b) ni tsuite

23. Welche Partikel passt? *** (§§ 74-75)

1. 最近公害(さいきんこうがい) ________ ニュースがよく新聞に出ています。

   a) に関して　b) に関する　c) にわたって　d) における

2. スマホは若者(わかもの) ________ なくてはならないものだ。

   a) として　b) にとって　c) とちがって　d) によって

3. 彼(かれ)は昔(むかし)から動物 ________ 興味(きょうみ)があります。

   a) をめぐって　b) をはじめに　c) につれて　d) に対して

4. 必要(ひつよう) ________ 対策(たいさく)を見直(なお)します。

   a) にとって　b) に応じて　c) において　d) について

5. 日本は６月から７月 ________ 梅雨(つゆ)の季節(きせつ)です。

   a) までに　b) にわたって　c) にかけて　d) にわたる

6. やっぱり友達(ともだち) ________ 注意すべきだったのでしょうか。

   a) において　b) にかけて　c) につれて　d) として

1. Saikin kōgai ______ nyūsu ga yoku shinbun ni dete imas$_{u}$.
   a) ni kansh$_{i}$te　b) ni kansuru　c) ni watatte　d) ni okeru
2. Sumaho wa wakamono _____ nak$_{u}$te wa naranai mono da.
   a) to sh$_{i}$te　b) ni totte　c) to chigatte　d) ni yotte
3. Kare wa mukashi kara dōbutsu ______ kyōmi ga arimas$_{u}$.
   a) o megutte　b) o hajime ni　c) ni tsurete　d) ni taish$_{i}$te
4. Hitsuyō ______ taisaku o minaoshimas$_{u}$.
   a) ni totte　b) ni ōjite　c) ni oite　d) ni tsuite
5. Nihon wa rokugatsu kara sh$_{i}$chigatsu ______ tsuyu no kisetsu des$_{u}$.
   a) made ni　b) ni watatte　c) ni kakete　d) ni wataru
6. Yahari tomodachi ______ chūi subeki datta no deshō ka.
   a) ni oite　b) ni kakete　c) ni tsurete　d) to sh$_{i}$te

Kapitel 7 Kopula

1. Beantworten Sie die Fragen.* (§ 98)

1. ドイツ人ですか。はい、______________。

2. 日本人ですか。いいえ、______________。

3. 元気な赤ちゃんでしたか。はい、元気な______________。

4. 子供部屋(こどもべや)は和室(わしつ)でしたか。いいえ、______________。

5. すみませんが、木村(きむら)さんですか。はい、______________。

6. すみませんが、木村さんですか。いいえ、______________。

7. 高校は私立でしたか。いいえ、______________。

1. Doitsu-jin des$_{u}$ ka. Hai, ______________.
2. Nihon-jin des$_{u}$ ka. Iie, ______________.
3. Genki na akachan desh$_{i}$ta ka. Hai, genki na ______________.
4. Kodomobeya wa wash$_{i}$tsu desh$_{i}$ta ka. Iie, ______________.
5. Sumimasen ga, Kimura-san des$_{u}$ ka. Hai, ______________.
6. Sumimasen ga, Kimura-san des$_{u}$ ka. Iie, ______________.
7. Kōkō wa shiritsu desh$_{i}$ta ka. Iie, ______________.

2. Formulieren Sie im neutralen Stil.** (§ 98)

1. 京都(きょうと)は 1868 年まで日本の首都(しゅと)でした。2. しかし、今は東京が日本の首都です。3. 当時(とうじ)の名前は東京ではありませんでした。4. 名前は「江戸(えど)」でした。5. 東京は 2019 年の世界の都市(とし)ランキングで 3 位(い)です。6. しかし、家賃(やちん)が高くて、住みやすいところではありません。

1. Kyōto wa 1868nen made Nihon no shuto desh$_{i}$ta. **2**. Sh$_{i}$kashi, ima wa Tōkyō ga Nihon no shuto des$_{u}$. **3.** Tōji no namae wa

Tōkyo dewa arimasen desh$_i$ta. **4.** Namae wa “Edo” desh$_i$ta. **5.** Tōkyō wa 2019nen no sekai no toshi rankingu de 3i des$_u$. **6.** Sh$_i$kashi, yachin ga takak$_u$te, sumiyasui tokoro dewa arimasen.

3. Verbinden Sie die Sätze mit der te-Form. ** (§ 98)

1. 森(もり)さんは日本人です。ドイツに住んでいます。
2. 森さんは先生です。東京大学で日本語を教えています。
3. 兄は26歳(さい)です。結婚(けっこん)しています。
4. ゲーテはドイツの作家でした。1749年に生まれました。
5. 森さんはドイツ人じゃありません。日本人です。
6. 私はいい学生じゃありませんでした。数学(すうがく)の成績(せいせき)がすごく悪かったです。

1. Mori-san wa Nihon-jin des$_u$. Doitsu ni sunde imas$_u$.
2. Mori-san wa sensei des$_u$. Tōkyō daigaku de Nihon-go o oshiete imas$_u$.
3. Ani wa nijūrok$_u$sai des$_u$. Kekkon sh$_i$te imas$_u$.
4. Gēte wa Doitsu no sakka desh$_i$ta. 1749-nen ni umaremash$_i$ta.
5. Mori-san wa Doitsu-jin ja arimasen. Nihon-jin des$_u$.
6. Watashi wa ii gak$_u$sei ja arimasen desh$_i$ta. Sūgaku no seiseki ga sugoku warukatta des$_u$.

4. Wo fungiert です des$_u$ **ausschließlich als Höflichkeits-marker? *** (§ 99)

1. 今6時です。	1. Ima rokuji des$_u$.
2. ライン川は長いです。	2. Rain-gawa wa nagai des$_u$.
3. あした暇(ひま)ですか。	3. Ash$_i$ta hima des$_u$ ka.
4. いいですか。	4. Ii des$_u$ ka.

Kapitel 8 Verbbedeutungen

1. Setzen Sie あります arimas$_u$**,** います imas$_u$ **oder** 持っています motte imas$_u$ **ein.*** (§ 104)

1. すみませんが、質問が __________ 。

2. 兄弟は何人 __________ か。

3. カメラを二台も __________ 。

4. 歴史(れきし)に興味(きょうみ)が __________ 。

5. 土曜日に時間が __________ か。

6. お子さんが __________ か。

1. Sumimasen ga, sh$_i$tsumon ga __________.
2. Kyōdai wa nannin __________ ka.
3. Kamera o nidai mo __________.
4. Rek$_i$shi ni kyōmi ga __________.
5. Doyōbi ni jikan ga __________ ka.
6. O-kosan ga __________ ka.

2. Setzen Sie das passende Substantiv ein.* (§§ 107-109)

天ぷら tenpura ・ 看護師 kangoshi ・ 勉強 benkyō ・ 音 oto

1. 母は ____________ をしています。

2. このプリンターはおかしい！変(へん)な ____________ がします。

3. 静(しず)かにしなさい。お姉さんが ____________ しています。

4. A: 何を注文しようかな。お兄さん、もう決(き)めた?

   B: うん、僕(ぼく)は ____________ にする。

1. Haha wa ____________ o sh$_i$te imas$_u$.
2. Kono purintā wa okashii! Hen na ____________ ga shimas$_u$.

3. Shizuka ni shinasai. O-nēsan ga ____________ sh$_{i}$te imas$_{u}$.
4. A: Nani o chūmon shiyō kana. O-nīsan, mō kimeta?
   B: Un, boku wa ____________ ni suru.

3. Wählen Sie das richtige Verb aus.* (§ 105)

1. A: あしたうちでパーティーをしますが、来ませんか。
   B: ありがとう。かならず {a 来ます | b 行きます} 。
2. (am Telefon) いつ帰って {a きます | b いきます} か。もう晩(ばん)ご飯(はん)を用意しましたから。
3. ここに {a 来なさい | b 行きなさい} !
4. (am Telefon) 今から {a 来る | b 行く} から、あと 30 分ぐらいで着く。
5. お弁当を持って {a きました | b いきました} か。ありがとう。
6. 公園に座っていたら、小学生の女の子が近づいて {a きた | b いった} 。

1. A: Ash$_{i}$ta uchi de pātī o shimas$_{u}$ ga, kimasen ka.
   B: Arigatō. Kanarazu {**a** kimas$_{u}$ | **b** ikimas$_{u}$}.
2. (am Telefon) Itsu kaette {**a** kimas$_{u}$ | **b** ikimas$_{u}$} ka. Mō bangohan o yōi shimash$_{i}$ta kara.
3. Koko ni {**a** kinasai | **b** ikinasai} !
4. (am Telefon) Ima kara {**a** kuru | **b** iku} kara, ato sanjuppun gurai de ts$_{u}$ku.
5. O-bentō o motte {**a** kimash$_{i}$ta | **b** iikimash$_{i}$ta} ka. Arigatō.
6. Kōen ni suwatte itara, shōgak$_{u}$sei no onna no ko ga chikazuite {**a** kita | **b** itta}.

4. Setzen Sie います imas$_u$**, あります** arimas$_u$ **oder** です des$_u$ **,**
wenn nötig, in der Verneinung oder Vergangenheit ein.* (§§ 103, 106)

1. 猫(ねこ)はどこに__________か。
2. すみませんが、スーパーはどこ__________か。
3. 部屋(へや)にだれも__________。
4. おかしい！財布(さいふ)が_________________。さっきまでバッグの中に_________________が。

1. Neko wa doko ni _____________________ ka.
2. Sumimasen, sūpā wa doko ________________ ka.
3. Heya ni dare mo _____________________.
4. Okashii! Saifu ga _____________________. Sakki made baggu no naka ni _____________________ ga.

5. Setzen Sie ein Verb des Gebens oder Bekommens in der passenden Form ein. ** (§ 110)

1. A: 恵美(えみ)さんは旅行から帰ってきて、私にお土産(みやげ)を ________ 。
   B: 本当(ほんとう)？恵美さんからお土産を ________ か。
2. （お母さんが 娘(むすめ) に）：もう先生にお土産を ________ の？
3. 犬の餌(えさ)は、一日に何回(なんかい) ________ か。
4. 私にだしの作り方を教えて ________ ありがとう！
5. 私は母に新しい携帯(けいたい)を ________ 。嬉しいです。
6. 子供(こども)の時、祖母(そぼ)は私たちにおもちゃを ________ 。
7. このボールペンをだれに ________ か。
8. お母さん、大変そう! 手伝(てつだ)って ________ か。

1. A: Emi-san wa ryokō kara kaette kite, watashi ni o-miyage o

    ____________________________.

    B: Honto? Emi-san kara o-miyage o ________________ ka.
2. (O-kāsan ga musume ni) : Mō sensei ni o-miyage o ______

    _______ no?
3. Inu no esa wa, ichinichi ni nankai ___________ ka.
4. Watashi ni dashi no ts$_u$kurikata o oshiete __________ arigatō!
5. Watashi wa haha ni atarashii keitai o _________. Ureshii des$_u$.
6. Kodomo no toki, sobo wa watashi-tachi ni omocha o ______.
7. Kono bōrupen o dare ni ___________ ka.
8. O-kāsan, taihensō! Tetsudatte ___________ ka.

6. Übersetzen Sie.***

1. (zu einem Bekannten) Danke, dass Sie gekommen sind.
2. Haben Sie einen Schlüssel dabei?
3. Ich komme gleich!
4. Haben Sie Geschwister?
5. Es riecht komisch.
6. (bei einer Bestellung) Ich nehme ein Bier.
7. Ich gehe kurz weg.
8. Gibt es hier in der Nähe ein Postamt?
9. Wo ist die Bank?
10. Ich habe eine Bitte.
11. Am Wochendende gibt es hier oft Konzerte.
12. Ein Freund aus der Oberschule ist (Damen)Friseur.

Kapitel 9 Verbflexion

1. Wie lautet die höfliche Form der Verben? * (§ 117)

a) 会う au __________ f) 待つ matsu __________

b) 書く kaku __________ g) 話す hanasu __________

c) 帰る kaeru __________ h) 食べる taberu __________

d) 来る kuru __________ i) 泳(およ)ぐ oyogu __________

e) する suru __________ j) 読む yomu __________

2. Wie lautet das Verb in der Grundform, wie es im Lexikon steht, also im neutralen Stil? * (§ 117)

a) 遊(あそ)びます asobimas$_u$ ____________

b) 飲みます nomimas$_u$ ____________

c) 買います kaimas$_u$ ____________

d) 起きます okimas$_u$ ____________

e) 寝(ね)ます nemas$_u$ ____________

f) 死にます shinimas$_u$ ____________

g) 来ます kimas$_u$ ____________

h) します shimas$_u$ ____________

3. Verneinen Sie wie in 1 im höflichen Stil.* (§ 117)

1. 山田さんはいますか。いいえ、いません。
2. 日本語が分かりますか。いいえ、______________________。
3. 今、時間がありますか。残念(ざんねん)ですが、__________________。
4. 日本の本をよく読みますか。いいえ、全然(ぜんぜん)________________。
5. クレジットカードをよく使いますか。いいえ、あまり_____。

6. メールをよく書きますか。いいえ、あまり＿＿＿＿＿＿＿＿＿＿。

7. テレビをよく見ますか。いいえ、全然＿＿＿＿＿＿＿＿＿＿＿＿。

1. Yamada-san wa imas$_u$ ka. Iie, imasen.
2. Nihon-go ga wakarimas$_u$ ka. Iie, ______________________.
3. Ima, jikan ga arimas$_u$ ka. Zannen des$_u$ ga, ______________.
4. Nihon no hon o yoku yomimas$_u$ ka. Iie, zenzen ___________.
5. Kurejitto kādo o yoku ts$_u$kaimas$_u$ ka. Iie, amari ___________.
6. Mēru o yoku kakimas$_u$ ka. Iie, amari ____________________.
7. Terebi o yoku mimas$_u$ ka. Iie, zenzen ____________________.

4. Ordnen Sie einander zu.* (§ 117)

1. しります shirimas$_u$
2. きります kirimas$_u$
3. します shimas$_u$
4. きます kimas$_u$

a) くる kuru *kommen*
b) する suru *machen*
c) しる shiru *erfahren*
d) きる kiru *schneiden*
e) きる kiru *anziehen*

5. Formulieren Sie Vorschläge wie in 1.* (§ 117)

1. お茶を飲む: お茶を飲みませんか。
2. 昼ご飯を食べる: ＿＿＿＿＿＿＿＿＿＿＿＿＿＿。
3. 散歩（さんぽ）する: ＿＿＿＿＿＿＿＿＿＿＿＿＿＿。
4. 飲みに行く: ＿＿＿＿＿＿＿＿＿＿＿＿＿＿。
5. 今度の日曜日に会う: ＿＿＿＿＿＿＿＿＿＿＿＿＿＿。
6. 一緒（いっしょ）に歌を歌う: ＿＿＿＿＿＿＿＿＿＿＿＿＿＿。
7. 遊（あそ）びに来る: ＿＿＿＿＿＿＿＿＿＿＿＿＿＿。

1. O-cha o nomu: O-cha o nomimasen ka.
2. Hirugohan o taberu: ______________________.
3. Sanpo suru: ______________________.
4. Nomi ni iku: ______________________.
5. Kondo no nichiyōbi ni au: ______________________.
6. Issho ni uta o utau: ______________________.
7. Asobi ni kuru: ______________________.

6. Formulieren Sie die Vorschläge 1. – 6. aus Übung 5 direkter mit ましょう mashō.* (§§ 117, 149)

7. Setzen Sie den Text in die Vergangenheit.** (§ 117)

1. 可愛(かわい)い女の子がいます。2. ある日、女の子は病気のおばあさんのところに行きます。3. ワインとケーキを持っていきます。4. おばあさんは森(もり)の中に住んでいます。5. ですから、女の子は森に入ります。6. その時、狼(おおかみ)に会います。7. 女の子は怖(こわ)くて、すぐ家に帰ります。8. ケーキを一人で食べます。9. おばあさんのところに行きません。10. お母さんには何も言いません。

1. Kawaii onna no ko ga imas$_u$. **2.** Aru hi, onna no ko wa byōki no obāsan no tokoro ni ikimas$_u$. **3.** Wain to kēki o motte ikimas$_u$. **4.** O-bāsan wa mori no naka ni sunde imas$_u$. **5.** Des$_u$ kara, onna no ko wa mori ni hairimas$_u$. **6.** Sono toki, ōkami ni aimas$_u$. **7.** Onna no ko wa kowak$_u$te, sugu ie ni kaerimas$_u$. **8.** Kēki o h$_i$tori de tabemas$_u$. **9.** O-bāsan no tokoro ni ikimasen. **10.** O-kāsan niwa nani mo iimasen.

8. Vervollständigen Sie die Tabelle.** (§ 117)

höflich			
nicht-vergangen		vergangen	
bejaht	verneint	bejaht	verneint
a)	言いません iimasen	b)	c)
困(こま)ります komarimas$_u$	d)	e)	f)
g)	h)	出ました demash$_i$ta	i)
j)	k)	l)	取(と)りませんでした torimasen desh$_i$ta

9. Setzen Sie die fehlenden Hiragana/Buchstaben ein, um die neutrale Verneinung auszudrücken.* (§ 118)

a) 行__ない	ik__nai	e) 遊__ない	asob__nai
b) 入__ない	hair__nai	f) 死__ない	shin__nai
c) 思__ない	omo__nai	g) 脱__ない	nug__nai
d) 読__ない	yom__nai	h) 待__ない	mat__nai

10. Wie lautet die neutrale Form? * (§ 118)

1. 食べません tabemasen
2. 分かりません wakarimasen
3. しません shimasen
4. ありません arimasen
5. 来ません kimasen
6. 話しません hanashimasen
7. 会いません aimasen
8. 寝(ね)ません nemasen
9. いません imasen
10. 飲みません nomimasen

11. Geben Sie in der indirekten Rede wieder.** (§§ 118, 236)

1. さくら:　あした時間がありません。

   さくらさんは______________________________と言いました。

2. さくら:　ですから、映画館に行きません。

   さくらさんは______________________________と言いました。

3. さくら:　テレビも見ません。

   さくらさんは______________________________と言いました。

4. さくら:　母に電話をしません。

   さくらさんは______________________________と言いました。

5. さくら:　友達（ともだち）にも会いません。

   さくらさんは______________________________と言いました。

6. さくら:　料理も作りません。

   さくらさんは______________________________と言いました。

1. Sakura: Ash$_{i}$ta jikan ga arimasen.
   Sakura-san wa ______________________________ to iimash$_{i}$ta.
2. Sakura: Des$_{u}$ kara, eigakan ni ikimasen.
   Sakura-san wa ______________________________ to iimash$_{i}$ta.
3. Sakura: Terebi mo mimasen.
   Sakura-san wa ______________________________ to iimash$_{i}$ta.
4. Sakura: Haha ni denwa o shimasen.
   Sakura-san wa ______________________________ to iimash$_{i}$ta.
5. Sakura: Tomodachi ni mo aimasen.
   Sakura-san wa ______________________________ to iimash$_{i}$ta.
6. Sakura: Ryōri mo ts$_{u}$kurimasen.
   Sakura-san wa ______________________________ to iimash$_{i}$ta.

12. Ordnen Sie die Grundform der neutralen Vergangenheit zu.* (§ 120)

1. 書く kaku
2. 聞く kiku
3. 飲む nomu
4. 待つ matsu
5. 巻(ま)く maku
6. 乗(の)る noru
7. 脱(ぬ)ぐ nugu
8. 縫(ぬ)う nuu
9. 抜(ぬ)く nuku

a) まった matta
b) きいた kiita
c) まいた maita
d) かいた kaita
e) ぬいだ nuida
f) ぬった nutta
g) のんだ nonda
h) のった notta
j) ぬいた nuita

13. Wie lautet die neutrale Form? * (§ 118.3)

1. 行きませんでした
2. 見ませんでした
3. 使いませんでした
4. 入りませんでした
5. ありませんでした
6. 泳(およ)ぎませんでした
7. 遊(あそ)びませんでした
8. 売りませんでした
9. 待ちませんでした
10. 消(け)しませんでした
11. 知りませんでした

1. ikimasen desh$_i$ta
2. mimasen desh$_i$ta
3. ts$_u$kaimasen desh$_i$ta
4. hairimasen desh$_i$ta
5. arimasen desh$_i$ta
6. oyogimasen desh$_i$ta
7. asobimasen desh$_i$ta
8. urimasen desh$_i$ta
9. machimasen desh$_i$ta
10. keshimasen desh$_i$ta
11. shirimasen desh$_i$ta

14. Geben Sie in der indirekten Rede wieder.** (§§ 118, 120, 236)

1. 健太(けんた): 9時に東京に着きました。
   健太さんは______________________________と言いました。
2. 健太: お腹(なか)が空いていました。
   健太さんは______________________________と言いました。
3. 健太: ですから、近くのレストランに入りました。
   健太さんは______________________________と言いました。
4. 健太: 天ぷらを注文しました。
   健太さんは______________________________と言いました。
5. 健太: ビールを注文しませんでした。
   健太さんは______________________________と言いました。
6. 健太: 歩いて帰りました。
   健太さんは______________________________と言いました。
7. 健太: タクシーに乗(の)りませんでした。
   健太さんは______________________________と言いました。

1. Kenta: Kuji ni Tōkyō ni ts$_u$kimash$_i$ta.
   Kenta-san wa ______________________________ to iimash$_i$ta.
2. Kenta: O-naka ga suite imash$_i$ta.
   Kenta-san wa ______________________________ to iimash$_i$ta.
3. Kenta: Des$_u$ kara, ch$_i$kaku no res$_u$toran ni harimash$_i$ta.
   Kenta-san wa ______________________________ to iimash$_i$ta.
4. Kenta: Tenpura o chūmon shimash$_i$ta.
   Kenta-san wa ______________________________ to iimash$_i$ta.
5. Kenta: Bīru o chūmon shimasen desh$_i$ta.
   Kenta-san wa ______________________________ to iimash$_i$ta.

6. Kenta: Aruite kaerimash$_i$ta.
   Kenta-san wa ______________________________ to iimash$_i$ta.
7. Kenta: Tak$_u$shī ni norimasen desh$_i$ta.
   Kenta-san wa ______________________________ to iimash$_i$ta.

15. Analysieren Sie die Verben.** (§§ 117-120)

1. 行きました ikimash$_i$ta
2. 食べませんでした tabemasen desh$_i$ta
3. 会わなかった awanakatta
4. 考えた kangaeta

16. Wo drückt te-iru eine andauernde Handlung aus? Wo einen andauernden Nachzustand? * (§§ 121, 123)

a) 飲んでいる	b) 食べている	c) 寝(ね)ている	d) 入っている
e) 座(すわ)っている	f) 笑(わら)っている	g) 死んでいる	h) 聞いている
i) 話している	j) 使っている	k) 勉強している	

a) nonde iru	b) tabete iru	c) nete iru	d) haitte iru
e) suwatte iru	f) waratte iru	g) shinde iru	h) kiite iru
i) hanash$_i$te iru	j) ts$_u$katte iru	k) benkyō sh$_i$te iru	

17. Setzen Sie das Verb in Klammern ein, in der Nicht-Abgeschlossenheit oder der te-iru Form, jeweils im höflichen Stil (also mas$_u$ **bzw.** te imas$_u$**).**** (§§ 119, 121)

1. 今、何を____________（する）か。
2. これから、何を____________（する）か。
3. (Mutter zu kleiner Schwester) お兄さんは勉強____________（する）。だから、もう静(しず)かにしなさい。

4. 明子さんは朝からずっとピアノを ________（練習（れんしゅう）する）。

5. 見てください。あそこで山田先生と森（もり）先生が _____（話す）。

6. 山田さんにいつ____________（会う）か。

7. あした何という映画を____________（見る）か。

1. Ima, nani o _______________ (suru) ka.
2. Kore kara, nani o _______________ (suru) ka.
3. (Mutter zu kleiner Schwester) O-nīsan wa benkyō _____________ (suru). Dakara mō shizuka ni shinasai.
4. Akiko-san wa asa kara zutto piano o _____________ (renshū suru).
5. Mite kudasai. Asoko de Yamada-sensei to Mori-sensei ga _______________ (hanasu).
6. Yamada-san ni itsu _______________ (au) ka.
7. Ashita nan to iu eiga o _______________ (miru) ka.

18. Welche Form ist die richtige? * (§§ 120, 123)

1. きのうディズニーの新しい映画を見に行きました。もう {a 見ました | b 見ています} か。

2. 見て! 明子ちゃんは素敵（すてき）なワンピースを {a 着た | b 着ている} !

3. いつから結婚（けっこん） {a した | b している} の。

4. A: 明子はまだお風呂（ふろ）に {a 入った | b 入っている} ?

   B: ううん、5 分前に {a 出た | b 出ている} 。

5. A: お腹（なか）が空いていますか。

   B: いいえ、さっき {a 食べました | b 食べています} 。

6. A: 昼ご飯をもう食べましたか。

   B: いいえ、まだ {a 食べませんでした | b 食べていません} 。

7. 赤いセーターを {a 着た | b 着ている} 人はだれですか。

8. 田中さんのご主人を {a 知っています | b 知りました} か。

9. 子供(こども)が {a 寝(ね)る | b 寝ている} 間、静(しず)かにしなさい。

1. Kinō Dizunī no atarashii eiga o mi ni ikimash$_i$ta. Mō {**a** mimash$_i$ta | **b** mite imas$_u$} ka.
2. Mite! Akiko-chan wa s$_u$teki na wanpīsu o {**a** kita | **b** kite iru}.
3. Itsu kara kekkon {**a** sh$_i$ta | **b** sh$_i$te iru} no?
4. A: Akiko wa mada o-furo ni {**a** haitta | **b** haitte iru}?
   B: Uun, gofun mae ni {**a** deta | **b** dete iru}.
5. A: O-naka ga suite imas$_u$ ka.
   B: Iie, sakki {**a** tabemash$_i$ta | **b** tabete imas$_u$}.
6. A: Hirugohan o mō tabemash$_i$ta ka.
   B: Iie, mada {**a** tabemasen desh$_i$ta | **b** tabete imasen}.
7. Akai sētā o {**a** kita | **b** kite iru} h$_i$to wa dare des$_u$ ka.
8. Tanaka-san no go-shujin o {**a** sh$_i$tte imas$_u$ | **b** shirimash$_i$ta} ka.
9. Kodomo ga {**a** neru | **b** nete iru} aida, shizuka ni shinasai.

19. Setzen Sie das Verb in der passenden Form ein.**
(§§ 29, 120)

1. ふぐを________（食べる）ことがありますか？

2. どんなに仲(なか)がよくても________（喧嘩(けんか)する）ことがあります

3. 今まで授業(じゅぎょう)を________（サボる）ことはない。

1. Fugu o _______ (taberu) koto ga arimas$_u$ ka.
2. Donna ni naka ga yok$_u$te mo _______ (kenka suru) koto ga arimas$_u$.
3. Ima made jugyō o _______ (saboru) koto wa nai.

Kapitel 10 Die te-Form

1. Wie lautet die te-Form der folgenden Verben? Wählen Sie die richtige aus.* (§ 126)

1. 起きる a) 起きって b) 起きて c) 起きいて d) 起きで
2. ある a) ありて b) あて c) あって d) あんで
3. 使う a) 使って b) 使いて c) 使いって d) 使んで
4. 書く a) 書きて b) 書いて c) 書って d) 書んで
5. 住(す)む a) 住みて b) 住いて c) 住って d) 住んで
6. する a) して b) しって c) すって d) すりて
7. 来る a) きって b) きて c) くって d) きいて
8. 行く a) いって b) いて c) いいて d) いいって

1. okiru **a)** okitte **b)** okite **c)** okiite **d)** okide
2. aru **a)** arite **b)** ate **c)** atte **d)** ande
3. ts$_u$kau **a)** ts$_u$katte **b)** ts$_u$kaite **c)** ts$_u$kaitte **d)** ts$_u$kande
4. kaku **a)** kakite **b)** kaite **c)** katte **d)** kande
5. sumu **a)** sumite **b)** suite **c)** sutte **d)** sunde
6. suru **a)** sh$_i$te **b)** sh$_i$tte **c)** s$_u$tte **d)** surite
7. kuru **a)** kitte **b)** kite **c)** kutte **d)** kiite
8. iku **a)** itte **b)** ite **c)** iite **d)** iitte

2. Auf welche Verben gehen die te-Formen möglicherweise zurück? * (§ 126)

a) きって b) ついて c) こんで d) ねて

a) kitte b) tsuite c) konde d) nete

3. Bilden Sie die te-Form der folgenden Verben und Adjektive.* (§§ 125-127)

a) 話す	b) 食べる	c) 見る	d) 帰る
e) 飲む	f) 買う	g) 待つ	h) 泳(およ)ぐ
i) 考える	j) 死ぬ	k) 書く	l) 遊(あそ)ぶ
m) 行く	n) 読む	o) 急ぐ	p) 分かる
q) 早い	r) 悪い	s) 元気だ	t) 好(す)きだ

a) hanasu	b) taberu	c) miru	d) kaeru
e) nomu	f) kau	g) matsu	h) oyogu
i) kangaeru	j) shinu	k) kaku	l) asobu
m) iku	n) yomu	o) isogu	p) wakaru
q) hayai	r) warui	s) genki da	t) s$_{u}$ki da

4. Verbinden Sie die beiden Sätze zu einem Satz, indem Sie sie mit der te-Form verbinden.** (§§ 125-129)

1. 毎朝７時に起きます。シャワーを浴(あ)びます。
2. シャワーを浴びます。朝ご飯を食べます。
3. 朝ご飯を食べます。会社に行きます。
4. 夜６時に仕事が終わります。買い物に行きます。
5. 買い物に行ます。うちに帰ります。
6. うちに帰ります。晩ご飯を作ります。テレビの前で食べます。
7. お風呂(ふろ)に入ります。11時に寝(ね)ます。

1. Maiasa sh$_{i}$chiji ni okimas$_{u}$. Shawā o abimas$_{u}$.
2. Shawā o abimas$_{u}$. Asagohan o tabemas$_{u}$.
3. Asagohan o tabemas$_{u}$. Kaisha ni ikimas$_{u}$.

4. Yoru rokuji ni shigoto ga owarimas$_u$. Kaimono ni ikimas$_u$.
5. Kaimono ni ikimas$_u$. Uchi ni kaerimas$_u$.
6. Uchi ni kaerimas$_u$. Bangohan o ts$_u$kurimas$_u$. Terebi no mae de tabemas$_u$.
7. O-furo ni hairimas$_u$. jūichiji ni nemas$_u$.

5. Welche verneinte te-Form ist die richtige, ないで naide **oder** なくて nak$_u$te**? **** (§ 128)

1. {a 入らないで | b 入らなくて} ください。
2. 道が {a 分からなくて | b 分からないで} 困(こま)っていました。
3. 父は何も {a 言わなくて | b 言わないで} 黙(だま)っていました。
4. お母さん、僕(ぼく)は勉強 {a しなくて | b しないで} もいいから、心配(しんぱい)しないで。
5. レシピを {a 見なくて | b 見ないで} 料理をしますか。
6. {a 会えなくて | b 会えないで} ごめんなさい。
7. 仕事 {a しなくて | b しないで} 生活(せいかつ)できる？

1. {**a** Hairanaide | **b** Hairanak$_u$te} kudasai.
2. Michi ga {**a** wakaranak$_u$te | **b** wakaranaide} komatte imash$_i$ta.
3. Chichi wa nani mo {**a** iwanak$_u$te | **b** iwanaide} damatte imash$_i$ta.
4. O-kāsan, boku wa benkyō {**a** shinak$_u$te | **b** shinaide} mo ii kara, shinpai shinaide.
5. Reshipi o {**a** minak$_u$te | **b** minaide} ryōri o shimas$_u$ ka.
6. {**a** Aenak$_u$te | **b** Aenaide} gomen nasai.
7. Shigoto {**a** shinak$_u$te | **b** shinaide} seikatsu dekiru?

6. Setzen Sie みる miru, しまう shimau, おく oku **oder** ある aru **ein. Alle Formen sind möglich.**** (§§ 158-161)

1. おいしいですよ。食べて＿＿＿＿＿ください。
2. ごめんなさい。鍵(かぎ)を無(な)くして＿＿＿＿＿。
3. 今は行けませんが、いつか日本に行って＿＿＿＿＿。
4. 教科書(きょうかしょ)は後で使いますから、机(つくえ)に置(お)いて＿＿＿＿＿ください。
5. だれもいませんが、電気がつけて＿＿＿＿＿。
6. やって＿＿＿＿＿と、分からないから、やりましょう。
7. 書いて＿＿＿＿＿と、すぐ忘(わす)れて＿＿＿＿＿。

1. Oishii des$_u$ yo. Tabete __________ kudasai.
2. Gomen nasai. Kagi o nakush$_i$te __________.
3. Ima wa ikemasen ga, itsu ka Nihon ni itte __________.
4. Kyōkasho wa ato de ts$_u$kaimas$_u$ kara, ts$_u$kue ni oite __________ kudasai.
5. Dare mo imasen ga, denki ga ts$_u$kete __________.
6. Yatte __________ to, wakaranai kara, yarimashō.
7. Kaite __________ to, sugu wasurete __________.

7. Wählen Sie die richtige Form aus.** (§§ 156-161)

1. だれもいません。電気が＿＿＿＿＿＿います。

   a) 消(き)えて　　b) 消(け)して

2. 入れません。ドアが＿＿＿＿＿＿あります。

   a) 閉(し)まって　　b) 閉めて

3. だれの教科書(きょうかしょ)ですか。名前は書いて＿＿＿＿＿＿か。

   a) いません　　b) ありません

4. 壁(かべ)にポスター＿＿＿＿＿＿＿貼(は)ってあります。

a) を　b) が

5. しまった。家にスマホを忘(わす)れて＿＿＿＿＿＿＿。戻(もど)らなきゃ。

a) いった　b) きた

6. タクシーは高いです。近いから歩いて＿＿＿＿＿＿＿か。

a) いきましょう　b) きましょう

7. 暗(くら)くなって＿＿＿＿＿＿＿ね。そろそろ帰ろうか。

a) いった　b) きた

1. Dare mo imasen. Denki ga ____________ imas$_{u}$.
   a) kiete　b) kesh$_{i}$te
2. Hairemasen. Doa ga ____________ arimas$_{u}$.
   a) shimatte　b) shimete
3. Dare no kyōkasho des$_{u}$ ka. Namae wa kaite ________ ka.
   a) imasen　b) arimasen
4. Kabe ni pos$_{u}$tā ________ hatte arimas$_{u}$.
   a) o　b) ga
5. Shimatta. Ie ni sumaho o wasurete ________. Modoranakya.
   a) itta　b) kita
6. Tak$_{u}$shī wa takai des$_{u}$. Chikai kara aruite ________ ka.
   a) ikimashō　b) kimashō
7. Kuraku natte ________ ne. Sorosoro kaerō ka.
   a) itta　b) kita

8. Setzen Sie in der passenden Form ein.** (§ 126)

1. 暑(あつ)いですから、窓(まど)を＿＿＿＿＿＿＿＿（開ける）ください。
2. 寒(さむ)い！ 窓を＿＿＿＿＿＿＿＿（閉(し)める）もいいですか。
3. 禁煙(きんえん)の場所(ばしょ)でたばこを＿＿＿＿＿＿＿＿（吸(す)う）はいけない。

4. 日本に _______________ （来る）から、何年になりますか。

5. あなたにずっとそばに _______________ （いる）欲(ほ)しい!

6. お母さん、_______________ （行く）きます。

7. この説明書(せつめいしょ)を何回(なんかい)も _________ （読む）も、理解(りかい)できません。

1. Atsui des$_u$ kara, mado o _______________ (akeru) kudasai.
2. Samui! Mado o _______________ (shimeru) mo ii des$_u$ ka.
3. Kin'en no basho de tabako o ___________ (suu) wa ikenai.
4. Nihon ni ______________ (kuru) kara, nannen ni narimas$_u$ ka.
5. Anata ni zutto soba ni ______________ (iru) hoshii!
6. O-kāsan, _______________ (iku) kimas$_u$.
7. Kono setsumeisho o nankai mo _______________ (yomu) mo, rikai dekimasen.

9. Übersetzen Sie.***

1. Warten Sie bitte.
2. Machen Sie sich bitte keine Sorgen.
3. Entschuldige, dass ich dich habe warten lassen.
4. Darf ich eintreten?
5. Ich habe mich umgezogen, die Zähne geputzt und bin dann ins Bett gegangen.
6. Wir sind gelaufen, ohne auf die (Land)karte zu schauen.
7. Der Bus kam nicht und wir sind daher zu Fuß nach Hause gegangen.
8. Warum dürfen Männer nicht weinen?
9. Er ist Japaner und mein Japanischlehrer.

Kapitel 11 Potentialis, Kausativ und Passiv

1. Bilden Sie die Potentialform der Verben.* (§§ 130-131)

a)	会う au	会える aeru	会えます aemas$_u$
b)	書く kaku	__________	__________
c)	帰る kaeru	__________	__________
d)	来る kuru	__________	__________
e)	する suru	__________	__________
f)	待つ matsu	__________	__________
g)	話す hanasu	__________	__________
h)	食べる taberu	__________	__________
i)	泳(およ)ぐ oyogu	__________	__________

2. Bilden Sie Sätze mit der Potentialform.** (§§ 130-131)

1. 健(けん)さん・英語・話す　　健さんは英語が話せます。
2. 明子さん・天ぷら・作る　　____________________
3. 太郎(たろう)くん・車・運転する　　____________________
4. トムさん・難(むずか)しい漢字・書く　　____________________
5. ドイツ・このスマホ・使う　　____________________
6. このワイン・どこ・買う・か　　____________________
7. 明子さん・ピアノ・弾(ひ)く　　____________________

1. Ken-san・Eigo・hanasu   Ken-san wa eigo ga hanasemas$_u$.
2. Akiko -san・tenpura・ts$_u$kuru   ____________________
3. Tarō-kun・kuruma ・unten suru   ____________________

4. Tomu-san・muzukashii kanji・kaku ____________________

5. Doits$_u$・kono sumaho・ts$_u$kau ____________________

6. Kono wain・doko ・kau・ka ____________________

7. Akiko-san・piano・hiku ____________________

3. Setzen Sie das Verb im Potentialis in der richtigen Form (Gegenwart, Vergangenheit, verneint) ein. Verwenden Sie die Stilform aus dem Kontext.** (§§ 130-131)

1. きのう京都(きょうと)に行きたかったんですが、___________（行く）。

2. A: コンサートのチケットは___________（取(と)る）？

   B: ううん、だめだった。

3. 森(もり)先生はいい先生でした。先生のことは___（忘(わす)れる）。

4. しまった! あの人の名前が__________（思い出す）。

5. この漢字は難(むずか)しいですね。__________（読む）か。

6. え！あのバカな人が○○大学に入った? _________（考える）。

7. この窓(まど)は壊(こわ)れています。ですから__________（開ける）。

1. Kinō Kyōto ni ikitakatta n des$_u$ ga, ___________ (iku).

2. A: Konsāto no chiketto wa __________ (toru)?

   B: Uun, dame datta.

3. Mori-sensei wa ii sensei desh$_i$ta. Sensei no koto wa ______ ____ (wasureru).

4. Shimatta! Ano h$_i$to no namae ga ___________ (omoidasu).

5. Kono kanji wa muzukashii des$_u$ ne. ___________ (yomu) ka.

6. E! Ano baka na h$_i$to ga Marumaru daigaku ni haitta? _________ (kangaeru) !

7. Kono mado wa kowarete imas$_u$. Des$_u$ kara __________ (akeru).

4. Setzen Sie die richtige Partikel ein.** (§§ 54, 131)

1. 小さい頃(ころ)からお肉_____食べられません。
2. 私はどうしても物_____捨(す)てられない。
3. ここで新幹線(しんかんせん)の切符(きっぷ)_____買えますか。
4. この漢字の意味_____分かりますか。
5. この歌_____知っていますか。
6. 車椅子(いす)でその美術館(びじゅつかん)_____入れますか。
7. どんな科目(かもく)_____勉強できますか。

1. Chiisai koro kara o-niku _____ taberaremasen.
2. Watashi wa dōsh$_i$te mo mono _____ s$_u$terarenai.
3. Koko de shinkansen no kippu _____ kaemas$_u$ ka.
4. Kono kanji no imi _____ wakarimas$_u$ ka.
5. Kono uta _____ sh$_i$tte imas$_u$ ka.
6. Kuruma-isu de sono bijuts$_u$kan _____ hairemas$_u$ ka.
7. Donna kamoku _____ benkyō dekimas$_u$ ka.

5. Welches Verb gehört in den Satz? ** (§ 132)

1. 富士山(ふじさん)が {a 見えます | b 見られます}。きれいですね。
2. この映画はどこで {a 見えます | b 見られます} か。
3. (am Handy) もう一度言ってください。電波(でんぱ)が悪くて、よく {a 聞こえません | b 聞けません} でした。
4. 相手(あいて)の話が終わるまで相手の話をしっかりと {a 聞こえました | b 聞けました} か。

5. 毎日楽しみにしているラジオ番組(ばんぐみ)ですが、今日は出かける用事があって最初(さいしょ)の少ししか {a 聞こえません | b 聞けません} でした。

6. このアプリじゃないと {a 見えない | b 見られない}。

7. 冬に星(ほし)がよく {a 見える | b 見られる} のはなぜですか。

1. Fujisan ga {**a** miemas$_u$ | **b** miraremas$_u$}. Kirei des$_u$ ne.
2. Kono eiga wa doko de {**a** miemas$_u$ | **b** miraremas$_u$} ka.
3. (am Handy) Mō ichido itte kudasai. Denpa ga waruk$_u$te, yoku {**a** kikoemasen | **b** kikemasen} desh$_i$ta.
4. Aite no hanashi ga owaru made aite no hanashi o shikkari to {**a** kikoemash$_i$ta | **b** kikemash$_i$ta} ka.
5. Mainichi tanoshimi ni sh$_i$te iru rajio bangumi des$_u$ ga, kyō wa dekakeru yōji ga atte, saisho no s$_u$koshi sh$_i$ka {**a** kikoemasen | **b** kikemasen} desh$_i$ta.
6. Kono apuri ja nai to {**a** mienai | **b** mirarenai}.
7. Fuyu ni hoshi ga yoku {**a** mieru | **b** mirareru} no wa naze des$_u$ ka.

6. Übersetzen Sie.***

1. Ich kann nicht schwimmen.
2. Von hier aus kann man manchmal die Alpen sehen.
3. Kann ich nach Hause gehen? Ich habe Kopfschmerzen.
4. Er kann keine Katakana lesen.
5. Sorry, dass wir uns nicht treffen konnten.
6. Könnten Sie mir das erklären?
7. Sie können aber gut Japanisch!
8. Sie können gerne meinen Computer benutzen.

7. Bilden Sie die Kausativform.* (§ 134)

a) 使う ts$_u$kau	使わせる ts$_u$kawaseru	使わせます ts$_u$kawasemas$_u$
b) 書く kaku	____________	______________
c) 帰る kaeru	____________	______________
d) 来る kuru	____________	______________
e) する suru	____________	______________
f) 待つ matsu	____________	______________
g) 飲む nomu	____________	______________
h) 食べる taberu	____________	______________
i) 急ぐ isogu	____________	______________

8. Bilden Sie Sätze im Kausativ.** (§ 134)

1. 妻(つま)と母・仲良(なかよ)くさせます
2. 市長(しちょう)・工事・止めさせました
3. お母さん・病気の子供(こども)・おかゆ・食べさせます
4. 日本語の先生・学生・新しい単語(たんご)・覚(おぼ)えさせます
5. この表現(ひょうげん)・僕(ぼく)・違和感(いわかん)・感(かん)じさせました
6. 「海」という本・私・環境(かんきょう)のこと・考えさました

1. Tsuma to haha ・naka yoku sasemas$_u$
2. Shichō・kōji・yamesasemash$_i$ta
3. O-kāsan・byōki no kodomo・o-kayu・tabesasemas$_u$
4. Nihon-go no sensei ・gak$_u$sei・atarashii tango・oboe-sasemas$_u$
5. Kono hyōgen ・boku・iwakan・kanjisasemash$_i$ta
6. „umi" to iu hon・watashi・kankyō no koto・kangaesase-mash$_i$ta

9. Setzen Sie das Verb im Kausativ ein.** (§ 134)

1. __________（待つ）て、ごめん。

2. お金がかかるから、娘(むすめ)を塾(じゅく)に__________（行く）ない!

3. きのうデートに遅(おく)れたから、彼女(かのじょ)を________（怒(おこ)る）ました。

4. 子供(こども)にピアノを_________（習う）たい。

5. 人は戦争(せんそう)を__________（終わる）なければならない。

6. 子供(こども)に学校を__________（休む）ばいいでしょうか。

7. 子供を自然(しぜん)の中で__________（遊(あそ)ぶ）よう!!

1. __________ (matsu) te, gomen.
2. O-kane ga kakaru kara, musume o juku ni _______ (iku) nai!
3. Kinō dēto ni okureta kara, kanojo o ________ (okoru) mash$_{i}$ta.
4. Kodomo ni piano o __________ (narau) tai.
5. H$_{i}$to wa sensō o __________ (owaru) nakereba naranai.
6. Kodomo ni gakkō o __________ (yasumu) ba ii deshō ka.
7. Kodomo o shizen no naka de __________ (asobu) yō!

10. Setzen Sie die passende Partikel ein.* (§ 134)

1. 子供(こども)__遠(とお)い学校__通(かよ)わせたくない。

2. この経験(けいけん)__私__考えさせました。

3. 彼(かれ)__いつも他人(たにん)__笑(わら)わせます。

4. 試験勉強のため親__娘(むすめ)__バイト__辞(や)めさせました。

5. 子供__タブレット PC__使わせますか。

1. Kodomo __ tōi gakkō __ kayowasetakunai.
2. Kono keiken __ watashi __ kangaesasemash$_{i}$ta.
3. Kare __ itsu mo ta'nin __ warawasemas$_{u}$.

4. Shiken benkyō no tame oya __ musume __ baito __ yamesasemash$_i$ta.

5. Kodomo __ taburetto PC __ ts$_u$kawasemas$_u$ ka.

11. Formen Sie um wie in 1.** (§ 136)

1. 帰ってもいいですか。 → 帰らせてください。
2. このコンピューターを使ってもいいですか。→ ____________
3. 私立の学校に行ってもいいですか。→ ____________
4. 好(す)きな色を選(えら)んでもいいですか。→ ____________
5. 写真を撮(と)ってもいいですか。→ ____________
6. 私の意見を言ってもいいですか。→ ____________
7. もう少し考えてもいいですか。→ ____________

1. Kaette mo ii des$_u$ ka. → Kaerasete kudasai.
2. Kono konpyūtā o ts$_u$katte mo ii des$_u$ ka. → ____________
3. Shiritsu no gakkō ni itte mo ii des$_u$ ka. → ____________
4. S$_u$ki na iro o erande mo ii des$_u$ ka. → ____________
5. Shashin o totte mo ii des$_u$ ka. → ____________
6. Watashi no iken o itte mo ii des$_u$ ka. → ____________
7. Mō s$_u$koshi kanagete mo ii des$_u$ ka. → ____________

12. Übersetzen Sie.***

1. Entschuldige, dass ich Dich enttäuscht habe.
2. Ich wollte Dich nicht erschrecken.
3. Die Frauen früher ließen Männer keine Hausarbeit machen.
4. Ab welchem Alter erlauben Sie Ihrem Kind, ein Smartphone zu haben?

13. Bilden Sie von den Verben die Passivform.* (§ 137)

a) 使う tskuau	使われる	使われます
	ts$_{u}$kawa-reru	ts$_{u}$kawa-remas$_{u}$
b) 書く kaku	__________	__________
c) 見る miru	__________	__________
d) 来る kuru	__________	__________
e) する suru	__________	__________
f) 作る ts$_{u}$kuru	__________	__________
g) 殺す korosu	__________	__________
h) 食べる taberu	__________	__________
i) 頼む tanomu	__________	__________

14. Formen Sie zu Passivsätzen um.** (§§ 137-138)

1. ピカソがこの絵(え)を描(か)きました。
2. 宮崎 駿(みやざきはやお)は「となりのトトロ」という映画を作りました。
3. 先生は私を叱(しか)りました。
4. 若(わか)い人は絵文字(えもじ)をよく使っています。
5. だれがこのメールを送りましたか。
6. 学校の委員会(いいんかい)は私を委員長に選(えら)びました。
7. 母は私を「マルちゃん」と呼(よ)んでいました。

1. Pikaso ga kono e o kakimash$_{i}$ta.
2. Miyazaki Hayao wa „Tonari no Totoro" toiu eiga o ts$_{u}$kurimash$_{i}$ta.
3. Sensei wa watashi o shikarimash$_{i}$ta.
4. Wakai h$_{i}$to wa emoji o yoku ts$_{u}$katte imas$_{u}$.

5. Dare ga kono mēru o okurimash$_{i}$ta ka.
6. Gakkō no i'inkai wa watashi o i'inchō ni erabimash$_{i}$ta.
7. Haha wa watashi o „Maru-chan" to yonde imash$_{i}$ta.

15. Bilden Sie Passivsätze (indirektes Passiv).*** (§ 139)

1. 雨が降(ふ)りました。（妹は困(こま)りました。）
2. 子供(こども)が死にました。（お母さんは悲(かな)しみました。）
3. 赤ちゃんは泣(な)きました。（私は困りました。）
4. 母は私の大好(だいす)きなセーターを捨(す)てました。
5. 兄は私のスマホを見てしまった。
6. 妹は先に結婚(けっこん)しました。（私はちょっと困りました。）
7. 息子(むすこ)がうちのパソコンを壊(こわ)しました。（私は困っています。）

1. Ame ga furimash$_{i}$ta. (Imōto wa komarimash$_{i}$ta.)
2. Kodomo ga shinimash$_{i}$ta. (O-kāsan wa kanashimimash$_{i}$ta.)
3. Aka-chan wa nakimash$_{i}$ta. (Watashi wa komarimash$_{i}$ta.)
4. Haha wa watashi no dais$_{u}$ki na sētā o s$_{u}$temash$_{i}$ta.
5. Ani wa watashi no sumaho o mite shimatta.
6. Imōto wa saki ni kekkon shimash$_{i}$ta. (Watashi wa chotto komarimash$_{i}$ta.)
7. Mus$_{u}$ko ga uchi no pasokon o kowashimash$_{i}$ta. (Watashi wa komatte imas$_{u}$.)

16. Setzen Sie die passende Partikel ein.** (§§ 137-139)

1. 日本の家___木___作られています。
2. 私___財布(さいふ)___盗(ぬす)まれました。
3. 山田先生___新聞記者(きしゃ)___インタビューされました。

4. 息子(むすこ)___中学生の時、同級生(どうきゅうせい)___いじめられていた。

5. 子供(こども)の頃(ころ)よく親___「勉強しなさい」と言われました。

6. 私___知らない人___声(こえ)をかけられました。

7. 犬___飼(か)い主___捨(す)てられるケースが増(ふ)えています。

1. Nihon no ie ___ ki ___ ts$_{u}$kurarete imas$_{u}$.
2. Watashi ___ saifu ___ nusumaremash$_{i}$ta.
3. Yamada-sensei ___ shinbun kisha ___ intabyū saremash$_{i}$ta.
4. Mus$_{u}$ko ___ chūgak$_{u}$sei no toki, dōkyūsei ___ ijimerarete ita.
5. Kodomo no koro yoku oya ___ “benkyō shinasai” to iwaremash$_{i}$ta.
6. Watashi ___ shiranai h$_{i}$to ___ koe o kakeraremash$_{i}$ta.
7. Inu ___ kainushi ___ s$_{u}$terareru kēsu ga fuete imas$_{u}$.

17. Was drücken die Verben in den folgenden Sätzen aus? a) Passiv b) Potentialis c) Sonkeigo-Respekt ***
(§§ 10, 131, 137)

1. 小学校の先生がご結婚(けっこん)されました。

2. 子供(こども)はお父さんやお母さんに褒(ほ)められると嬉(うれ)しいものです。

3. よその家の子供(こども)は褒めても、自分の子供はなかなか褒められません。

4. お客様は既(すで)に起きられました。

5. 今日はすっきり起きられました。

6. 変(へん)な人だと周囲(しゅうい)に思われるかもしれません。

7. どう思われますか。

1. Shōgakkō no sensei ga go-kekkon saremash$_i$ta.
2. Kodomo wa o-tōsan ya o-kāsan ni homerareru to ureshii mono des$_u$.
3. Yoso no ie no kodomo wa homete mo, jibun no kodomo wa nakanaka homeraremasen.
4. O-kyaku-sama wa sudeni okiraremash$_i$ta.
5. Kyō wa sukkiri okiraremash$_i$ta.
6. Hen na h$_i$to da to shūi ni omowareru kamo shiremasen.
7. Dō omowaremas$_u$ ka.

18. Setzen Sie die Verben im Kausativ-Passiv in der passenden Zeitform ein.*** (§ 141)

1. 昨日(きのう)2時間も__________（待つ）。
2. その歌にいつも. __________（泣(な)く）。
3. 日本語の授業(じゅぎょう)では漢字を何度も書いて________（覚(おぼ)える）。
4. （子供の時）親に頭(あたま)を __________（下げる）。
5. 子供(こども)の時に無理(むり)やりピアノ教室に__________（通(かよ)う）。
6. その本を読むと、人生について_________（考える）。
7. 娘(むすめ)はいつの間にか5歳(さい)となって、時の移(うつ)ろいの早さを_____（感じる）。

1. Kinō nijikan mo ___________ (matsu).
2. Sono uta ni itsu mo ___________ (naku).
3. Nihon-go no jugyō dewa kanji o nando mo kaite ______ (oboeru).
4. (Kodomo no toki) Oya ni atama o ___________ (sageru).
5. Kodomo no toki ni muriyari piano kyōsh$_i$tsu ni _____ (kayou).
6. Sono hon o yomu to, jinsei ni tsuite _________ (kangaeru).

7. Musume wa itsu no ma ni ka gosai to natte, toki no utsuroi no hayasa o ___________ (kanjiru).

19. Welche Äußerung ist die bevorzugte? ** (§ 137, 163)

1. a) 先生に日本語を教えていただきました。
   b) 先生に日本語を教えられました。
2. a) いい体験(たいけん)をさせてもらってありがとう。
   b) いい体験をさせられてありがとう。
3. a) 疲(つか)れた。今日課長(かちょう)にずっと忙(いそが)しくさせてもらった。
   b) 疲れた。今日課長にずっと忙しくさせられた。
4. a) 友達(ともだち)に無理(むり)やり旅行の写真を見せてもらいました。
   b) 友達に無理やり旅行の写真を見せられました。
5. a) 電話を使わせてもらって、助(たす)かりました。
   b) 電話を使わせられて、助かりました。
6. a) 先輩(せんぱい)にご馳走(ちそう)してもらいました。
   b) 先輩にご馳走されました。

1. a) Sensei ni Nihon-go o oshiete itadakimash$_{i}$ta.
   b) Sensei ni Nihon-go o oshieraremash$_{i}$ta.
2. a) Ii taiken o sasete moratte arigatō.
   b) Ii taiken o saserarete arigatō.
3. a) Ts$_{u}$kareta. Kyō kachō ni zutto isogash$_{i}$ku sasete moratta.
   b) Ts$_{u}$kareta. Kyō kachō ni zutto isogash$_{i}$ku saserareta.
4. a) Tomodachi ni muriyari ryokō no shashin o misete morai mash$_{i}$ta.
   b) Tomodachi ni muriyari ryokō no shashin o miserarema-sh$_{i}$ta.

5. a) Denwa o ts$_{u}$kawasete moratte, tas$_{u}$karimash$_{i}$ta.
   b) Denwa o ts$_{u}$kawaserarete, tas$_{u}$karimash$_{i}$ta.
6. a) Senpai ni gochisō sh$_{i}$te moraimash$_{i}$ta.
   b) Senpai ni gochisō saremash$_{i}$ta.

20. Übersetzen Sie.***

1. Man sagt, dass Japaner viel arbeiten.
2. Ich wurde von meiner Freundin verlassen./Meine Freundin hat mich sitzenlassen.
3. Wann wurde dieser Tempel gebaut?
4. Ich habe Ärger mit meiner Mutter bekommen.
5. Mir wurden schwierige Fragen gestellt.
6. Ich wurde von einem Insekt gestochen.
7. Wenn Sie mit dem Namen aufgerufen werden, antworten Sie bitte mit „ja".
8. Diese App wurde verboten.
9. Ich wurde im Geschäft aufgefordert, meine Geheimzahl einzugeben.
10. Wann wurden diese Kriterien beschlossen?
11. Ich möchte nicht, dass mir gesagt wird, ich sei (zu) jung.

Kapitel 12 Absichten und Wünsche

1. **Verbinden Sie mit der richtigen Übersetzung.*** (§ 142)

1. 行きたくなかったです。
   Ikitaku nakatta des$_{u}$.
2. 行きたいです。
   Ikitai des$_{u}$.
3. 行きたがっています。
   Ikitagatte imas$_{u}$.
4. 行きたかったです。
   Ikitakatta des$_{u}$.
5. 行きたがっていました。
   Ikitagatte imash$_{i}$ta.
6. 行きたくないです。
   Ikitaku nai des$_{u}$.

a) Ich möchte gehen.

b) Er möchte gehen.

c) Ich wollte gehen.

d) Ich möchte nicht gehen.

e) Er wollte gehen.

f) Ich wollte nicht gehen.

2. **Vervollständigen Sie die Tabelle.*** (§ 142)

	bejaht	verneint	bejaht - vergangen	verneint - vergangen
寝る neru	a)	b)	寝たかった netakatta	c)
d)	見たい mitai	e)	f)	g)
h)	したい sh$_{i}$tai	i)	j)	したくなかった sh$_{i}$taku nakatta
k)	l)	待ちたくない machitaku nai	m)	n)

3. **Setzen Sie die richtige Form von** たい -tai **bzw.** たがっている -tagatte iru **ein. Wenn aus dem Kontext nicht anders ersichtlich, im höflichen Stil.**** (§ 142)

1. いつか日本に行って（みる）________。
2. 子供(こども)の時、小学校の先生に（なる）________。
3. 彼(かれ)は家族や友達(ともだち)のことなど何でも（知る）________。
4. 本当(ほんとう)のことを言えば、あしたあまり（行く）________。
5. 本当に（帰る）________か。
6. このカップルの写真は面白(おもしろ)いですね。男の人は何か重要(じゅうよう)なことを（言う）________みたいです。
7. 僕(ぼく)は勉強（する）________も、忙(いそが)しくて、できないよ。
8. 子供の時、勉強を全然(ぜんぜん)（する）________。

1. Itsu ka Nihon ni itte (miru) ____________.
2. Kodomo no toki, shōgakkō no sensei ni (naru) ____________.
3. Kare wa kazoku ya tomodachi no koto nado nan demo (shiru) ____________.
4. Hontō no koto o ieba, ash$_i$ta amari (iku) ____________.
5. Hontō ni (kaeru) ____________ ka.
6. Kono kappuru no shashin wa omoshiroi des$_u$ ne. Otoko no h$_i$to wa nani ka jūyō na koto o (iu) ____________ mitai des$_u$.
7. Boku wa benkyō (suru) _______ mo, isogash$_i$k$_u$te, dekinai yo.
8. Kodomo no toki, benkyō o zenzen (suru) ____________.

4. Formulieren Sie Absichten mit よう/おう -(y)ō.* (§ 144)

a) 行く iku　b) 入る hairu　c) 食べる taberu

d) 飲む nomu　e) 急ぐ isogu　f) 書く kaku

g) 呼(よ)ぶ yobu　h) 待つ matsu　i) 買う kau

j) 見る miru　k) 話す hanasu　l) する suru

m) 来る kuru　n) 考える kangaeru　o) もらう morau

5. Formulieren Sie um mit つもり tsumori.** (§ 145)

1. 韓国(かんこく)語を習おうと思っています。
2. 大学院に進(すす)もうと思っています。
3. 昨日(きのう)、親に話そうと思っていました。
4. 会社を辞(や)めようとは思いません。
5. 寝(ね)ようとは思いませんでした。
6. 来年結婚(けっこん)しようと思っています。
7. （私は決(き)めました。）もうたばこを吸(す)いません。

1. Kankoku-go o naraō to omotte imas$_u$.
2. Daigaku-in ni susumō to omotte imas$_u$.
3. Kinō, oya ni hanasō to omotte imash$_i$ta.
4. Kaisha o yameyō towa omoimasen.
5. Neyō towa omoimasen desh$_i$ta.
6. Rainen kekkon shiyō to omotte imas$_u$.
7. (Watashi wa kimemash$_i$ta.) Mō tabako o suimasen.

6. Welche Sätze sind bedeutungsgleich? * (§ 143)

1. 英語を教えてもらいたいです。	a) この仕事を続(つづ)けないでほしいです。
2. 海に連(つ)れて行ってもらいたいです。	b) 帰らないでほしいです。
3. ここにいてもらいたいです。	c) 海に連れて行ってほしいです。
4. この仕事を辞(や)めてもらいたいです。	d) 英語を教えてほしいです。

1. Eigo o oshiete moraitai des$_u$.	a) Kono shigoto o tsuzukenaide hoshii des$_u$.
2. Umi ni tsurete itte moraitai des$_u$.	b) Kaeranaide hoshii des$_u$.
3. Koko ni ite moraitai des$_u$.	c) Umi ni tsurete itte hoshii des$_u$.
4. Kono shigoto o yamete moraitai des$_u$.	d) Eigo o oshiete hoshii des$_u$.

7. Übersetzen Sie.***

1. Ich möchte, dass es schnell Sommer wird.
2. Ich möchte mich etwas ausruhen.
3. Ich überlege, heute Abend Spaghetti zu kochen.
4. Ich habe die Absicht, im April in eine neue Wohnung umzuziehen.
5. Akiko möchte noch ein bisschen hier bleiben.

Kapitel 13 Erlaubnisse, Befehle und Verbote

1. Formulieren Sie die Bitten in Befehle um und umgekehrt.* (§§ 146-148)

帰ってください kaette kudasai	帰りなさい kaerinasai	a)
b)	c)	話せ hanase
d)	読みなさい yominasai	e)
勉強してください benkyō shite kudasai	f)	g)
h)	来なさい kinasai	i)
j)	k)	書け kake
食べてください tabete kudasai	l)	m)
n)	見なさい minasai	o)

2. Ordnen Sie nach der Stärke des Befehls.* (§§ 146-148)

1 a) 手伝(てつだ)ってくださいませんか。 1 a) Tetsudatte kudasaimasen ka.

_ b) 手伝いなさい。 _ b) Tetsudainasai.

_ c) 手伝え。 _ c) Tetsudae.

_ d) 手伝ってください。 _ d) Tetsudatte kudasai.

3. Verbinden Sie die inhaltsgleichen Sätze.* (§§ 97, 146)

1. 話せ! Hanase!	a) 寝(ね)るな! Neru na!
2. 辞(や)めろ! Yamero!	b) 黙(だま)るな! Damaru na!
3. 起きろ! Okiro !	c) 開けるな! Akeru na!
4. 閉(し)めろ! Shimero!	d) 働(はたら)くな! Hataraku na!
5. 休め! Yasume!	e) 続(つづ)けるな! Tsuzukeru na!

4. Fragen Sie um Erlaubnis. Achten Sie auf die Stilebene.** (§ 154)

1. 教室に入ります	1. Kyōsh$_i$tsu ni hairimas$_u$
2. たばこを吸(す)います	2. Tabako o suimas$_u$
3. このボールペンを使います	3. Kono bōrupen o ts$_u$kaimas$_u$
4. 質問します	4. Sh$_i$tsumon shimas$_u$
5. ケーキをもう一個(いっこ)食べます	5. Kēki o mō ikko tabemas$_u$
6. あした授業(じゅぎょう)を休みます	6. Ash$_i$ta jugyō o yasumimas$_u$
7. もう少しここにいる	7. Mō s$_u$koshi koko ni iru
8. 早めに帰る	8. Hayame ni kaeru
9. 着物を着てみる	9. Kimono o kite miru

5. Formulieren Sie Verbote zu den Fragen aus 4.** (§ 155)

6. Formulieren Sie umgangssprachlich wie in 1.* (§ 155)

1. 写真を見てはいけないよ。 → 写真を見ちゃダメだよ。
2. 「ハーフ」と言ってはいけないよ。 ____________________
3. 大きい声(こえ)で話してはいけないよ。 ____________________

4. あの子と遊(あそ)んではいけないよ。 ________________

5. 邪魔(じゃま)してはいけないよ。 ________________

1. Shashin o mite wa ikenai yo.→ Shashin o micha dame da yo.
2. „Hāfu“ to itte wa ikenai yo. ________________
3. Ōkii koe de hanash$_i$te wa ikenai yo. ________________
4. Ano ko to asonde wa ikenai yo. ________________
5. Jama sh$_i$te wa ikenai yo. ________________

7. Verbinden Sie die gegenteiligen Sätze.* (§§ 151, 153)

1. 行かなくてもいいです。	a) 薬を飲む必要(ひつよう)はない。
2. 待たなくてもいいです。	b) 靴を脱がなければならない。
3. 着替(きが)えなくてもいいです。	c) 行かなければなりません。
4. 靴(くつ)を脱(ぬ)がなくてもいい。	d) 待たなければなりません。
5. 薬(くすり)を飲まなくてもいい。	e) 漢字を暗記(あんき)しなければならない。
6. 漢字を覚(おぼ)えなくてもいい。	f) 着替えなければなりません。

1. Ikanak$_u$te mo ii des$_u$.	a) K$_u$suri o nomu h$_i$tsuyō wa nai.
2. Matanak$_u$te mo ii des$_u$.	b) Kutsu o nuganakereba naranai.
3. Kigaenak$_u$te mo ii des$_u$.	c) Ikanakereba narimasen.
4. Kutsu o nuganak$_u$te mo ii.	d) Matanakereba narimasen.
5. K$_u$suri o nomanak$_u$te mo ii.	e) Kanji o anki shinakereba naranai.
6. Kanji o oboenak$_u$te mo ii.	f) Kigaenakereba narimasen.

8. Setzen Sie in der richtigen Form ein.*** (§§ 146-155)

1. 大丈夫(だいじょうぶ)です。心配(しんぱい)（する）_______ください。
2. すみませんが、この席(せき)は空いていますか。（座(すわ)る）_______ もいいですか。
3. あした試験があるから、（勉強する）_______ なければなりません。
4. テスト中に辞書(じしょ)を（使う）_______ はいけません。
5. 保険料(ほけんりょう)を（払(はら)う）_______ なければならないのでしょうか。
6. 部屋(へや)を（片付ける）_______ なさい。
7. 残業(ざんぎょう)を（する）_______ な！早く（帰る）_______ ！
8. 出発までまだ時間がたっぷりあるから、（急ぐ）_______なくてもいいです。

1. Daijōbu des$_{u}$. Shinpai (suru) __________ kudasai.
2. Sumimasen ga, kono seki wa aite imas$_{u}$ ka. (suwaru) __________ mo ii des$_{u}$ ka.
3. Ash$_{i}$ta sh$_{i}$ken ga aru kara, (benkyō suru) __________ nakereba narimasen.
4. Tes$_{u}$to-chū ni jisho o (ts$_{u}$kau) __________ wa ikemasen.
5. Hokenryō o (harau) ________ nakereba naranai no deshō ka.
6. Heya o (katazukeru) __________ nasai.
7. Zangyō o (suru) __________ na. Hayaku (kaeru) __________!
8. Sh$_{u}$ppatsu made mada jikan ga tappuri aru kara, (isogu) __________ nak$_{u}$te mo ii des$_{u}$.

9. Übersetzen Sie.***

1. Man darf im Bus kein Eis essen.
2. (Lehrer zu den Schülern) Setzt Euch!
3. (zur Mutter) Darf ich Computerspiele spielen?
4. Ich muss mich beeilen. Gleich beginnt der Unterricht.
5. (zu Freunden) Morgen muss ich putzen. Meine Mutter kommt zu Besuch.
6. Ausgeliehene Dinge muss man wieder zurückgeben.
7. Muss man diesen Reis wirklich nicht waschen?
8. Du musst Dir keine Sorgen machen.
9. (zu Mitschülern) Das muss der neue Lehrer sein.
10. Er hat ein Jahr gelernt. Er muss die Prüfung einfach bestehen.
11. Danke, dass ich diese wertvollen Erfahrungen machen durfte.
12. (im Selbstgespräch) Ich muss mich beeilen! Ich darf nicht zu spät kommen.

Kapitel 14 Adjektive

1. Ordnen Sie die Adjektive den i-Adjektiven bzw. den na-Adjektiven zu.* (§§ 164-166)

a) 好(す)き	b) 多い	c) 高い	d) 上手
e) 悪い	f) 嫌(きら)い	g) 可愛(かわい)い	h) 素敵(すてき)
i) いい	j) 楽しい	k) 面白(おもしろ)い	l) きれい
m) 簡単(かんたん)	n) 早い	o) 少ない	p) 難(むずか)しい
q) 古い	r) 小さい	s) 大事	t) 若(わか)い

a) $s_u$ki	b) ōi	c) takai	d) jōzu
e) warui	f) kirai	g) kawaii	h) $s_u$teki
i) ii	j) tanoshii	k) omoshiroi	l) kirei
m) kantan	n) hayai	o) $s_u$kunai	p) muzukashii
q) furui	r) chiisai	s) daiji	t) wakai

2. Welche Adjektivform ist die richtige? * (§ 166)

1. 明子(あきこ)さん、{a好(す)きな | b 好き} 料理は何ですか。
2. これは {a 難(むずか)しいな | b 難しい} 質問ですね。
3. 明子さんは {a きれいな | b きれい} T シャツを着ています。
4. {a 大きな | b 大きい} 家ですね。
5. 鎌倉(かまくら)は {a 有名な | b 有名} 町ですか。
6. {a 大変(たいへん)な | b 大変} ことになりました。
7. 何度も{a 同(おな)じな | b 同じ} ことを言わないでください。

1. Akiko-san, {**a** s$_{u}$ki na | **b** s$_{u}$ki} ryōri wa nan des$_{u}$ ka.

2. Kore wa {**a** muzukashii na | **b** muzukashii} sh$_{i}$tsumon des$_{u}$ ne.

3. Akiko-san wa {**a** kirei na | **b** kirei} T-shats$_{u}$ o kite imas$_{u}$.

4. {**a** Ōki na | **b** ōkii} ie des$_{u}$ ne.

5. Kamakura wa {**a** yūmei na | **b** yūmei} machi des$_{u}$ ka.

6. {**a** Taihen na | **b** taihen} koto ni narimash$_{i}$ta.

7. Nando mo {**a** onaji na | **b** onaji} koto o iwanaide kudasai.

3. Setzen Sie in der richtigen Form ein.** (§§ 166-167)

a) 明子さんは料理が________（上手）。

b) この時計は________（高い）ね。

c) ________（嫌[きら]い）スポーツはありますか。

d) ________（いい）お天気ですね。

e) 渋谷[しぶや]は________（若[わか]い）人が________（多い）。

f) ________（大事）話があります。

g) テュービンゲンは________（静[しず]か）町ですか。

h) ________（新しい）スマホを買いました。

a) Akiko-san wa ryōri ga ________ (jōzu).

b) Kono tokei wa ________ (takai) ne.

c) ________ (kirai) s$_{u}$pōtsu wa arimas$_{u}$ ka.

d) ________ (ii) o-tenki des$_{u}$ ne.

e) Shibuya wa ________ (wakai) h$_{i}$to ga ________ (ōi).

f) ________ (daiji) hanashi ga arimas$_{u}$.

g) Tyūbingen wa ________ (shizuka) machi des$_{u}$ ka.

h) ________ (atarashii) sumaho o kaimash$_{i}$ta.

4. Verneinen Sie die Adjektive im höflichen Stil.* (§ 168)

a) 長い ____________________ b) 早い ____________________

c) 安い ____________________ d) 元気 ____________________

e) いい ____________________ f) 大変(たいへん) ____________________

g) 面白(おもしろ)い ____________________ h) にぎやか ____________________

i) つまらない ____________________ j) 好(す)き ____________________

a) nagai ____________________ b) hayai ____________________

c) yasui ____________________ d) genki ____________________

e) ii ____________________ f) taihen ____________________

g) omoshiroi ____________________ h) nigiyaka ____________________

i) tsumaranai ____________________ j) s$_u$ki ____________________

5. Bilden Sie die bejahte Vergangenheit der Adjektive im höflichen Stil und im neutralen Stil.* (§ 169)

a) 少ない ____________________ b) 遅(おそ)い ____________________

c) 小さい ____________________ d) 親切(しんせつ) ____________________

e) いい ____________________ f) 重要(じゅうよう) ____________________

g) 怖(こわ)い ____________________ h) 上手 ____________________

i) 高い ____________________ j) きれい ____________________

a) s$_u$kunai ____________________ b) osoi ____________________

c) chiisai ____________________ d) shinsets$_u$ ____________________

e) ii ____________________ f) jūyō ____________________

g) kowai ____________________ h) jōzu ____________________

i) takai ____________________ j) kirei ____________________

6. **Bilden Sie die verneinte Vergangenheit der Adjektive im höflichen Stil.*** (§ 169)

a) 楽しい ________________ b) 短(みじか)い ________________

c) 高い ________________ d) 元気 ________________

e) いい ________________ f) 暇(ひま) ________________

g) 優(やさ)しい ________________ h) 好(す)き ________________

a) tanoshii ________________ b) mijikai ________________

c) takai ________________ d) genki ________________

e) ii ________________ f) hima ________________

g) yasashii ________________ h) $s_u$ki ________________

7. **Setzen Sie in der richtigen Form ein.**** (§§ 168, 169)

1. きのうは____________が、きょうは寒(さむ)くないです。（寒い）
2. 先週は____________が、今週は忙(いそが)しいです。（忙しい）
3. 子供(こども)の時、犬が怖(こわ)かったけど、今は____________。（怖い）
4. さっきまで____________が、今は元気じゃないです。（元気）
5. 前はお肉が好(す)きでしたが、最近(さいきん)は____________。（好き）

1. Kinō wa _________ ga, kyō wa samukunai des_u. (samui)
2. Senshū wa _______ ga, konshū wa isogashii des_u. (isogashii)
3. Kodomo no toki, inu ga kowakatta kedo, ima wa __________ _______. (kowai)
4. Sakki made _________ ga, ima wa genki ja nai des_u. (genki)
5. Mae wa o-niku ga $s_u$ki $desh_i$ta ga, saikin wa _________. ($s_u$ki)

8. Vervollständigen Sie die Tabelle der Adjektivformen im neutralen Stil.* (§§ 167-169)

bejaht	verneint	bejaht vergangen	verneint vergangen
高い takai	**a**	**b**	**c**
d	早くない hayaku nai	**e**	**f**
g	**h**	悪かった warukatta	**i**
j	よくない yoku nai	**k**	**l**
好きだ s$_u$ki da	**m**	**n**	**o**
p	**q**	上手だった jōzu datta	**r**

9. Bilden Sie die te-Form der Adjektive. ** (§§ 125, 127)

a) 低(ひく)い ________________ b) 寒(さむ)い ________________

c) 面白(おもしろ)い ________________ d) 元気 ________________

e) いい ________________ f) 便利(べんり)________________

g) 暑(あつ)い ________________ h) きれい ________________

a) hikui ________________ b) samui ________________

c) omoshiroi ________________ d) genki ________________

e) ii ________________ f) benri ________________

g) atsui ________________ h) kirei ________________

10. Verbinden Sie die Sätze mit der te-Form.** (§§125, 127)

a) このアパートは広いです。便利(べんり)です。

b) この時計はかっこいいです。高いです。

c) テュービンゲンは静(しず)かです。学生が多いです。

d) あのレストランはおいしいです。安いです。

e) 明子(あきこ)さんは元気です。優(やさ)しいです。

f) 父はまじめです。厳(きび)しいです。

g) 私は子供(こども)の時、背(せ)が低かったです。可愛(かわい)かったです。

a) Kono apāto wa hiroi des$_u$. Benri des$_u$.

b) Kono tokei wa kakko ii des$_u$. Takai des$_u$.

c) Tyūbingen wa shizuka des$_u$. Gak$_u$sei ga ōi des$_u$.

d) Ano res$_u$toran wa oishii des$_u$. Yasui des$_u$.

e) Akiko-san wa genki des$_u$. Yasashii des$_u$.

f) Chichi wa majime des$_u$. Kibishii des$_u$.

g) Watashi wa kodomo no toki, se ga h$_i$kukatta des$_u$. Kawaikatta des$_u$.

11. Setzen Sie das Adjektiv in der richtigen Form ein. Alle Sätze sind im neutralen Stil.** (§§ 127, 167-169)

1) 今日は____________________（暑(あつ)い）ね。

2) きのうも____________________（暑い）。

3) 納豆(なっとう)はあまり____________________（好(す)き）。

4) 子供(こども)の時、ピアノが_____（上手）が、今は______（上手）。

5) A: きのうのパーティーはどうだった？

B: あまり____________________（楽しい）。

6) 私の新しいボーイフレンドは__________（かっこいい）、__________（まじめそう）。

7) きのう見た映画は__________（楽しい）、__________（好き）シーンがたくさんありました。

1) Kyo wa __________ (atsui) ne.

2) Kinō mo __________ (atsui).

3) Nattō wa amari __________ (s$_{u}$ki).

4) Kodomo no toki, piano ga __________ (jōzu) ga, ima wa __________ (jōzu).

5) A: Kinō no pātī wa dō datta?
B: Amari __________ (tanoshii).

6) Watashi no atarashii bōi f$_{u}$rendo wa __________ (kakko ii). __________ (majimesō).

7) Kinō mita eiga wa __________ (tanoshii), __________ (s$_{u}$ki) shīn ga tak$_{u}$san arimash$_{i}$ta.

12. Machen Sie aus den Adjektiven Adverbien.* (§ 170)

a) 早い __________ b) 小さい __________

c) 長い __________ d) 上手 __________

e) いい __________ f) 静（しず）か__________

g) 難（むずか）しい __________ h) きれい __________

a) hayai __________ b) chiisai __________

c) nagai __________ d) jōzu __________

e) ii __________ f) shizuka __________

g) muzukashii __________ h) kirei __________

13. Setzen Sie in der richtigen Form ein.** (§§ 166, 167, 170)

a) 部屋(へや)を__________（きれい）してください。

b) きょう__________（早い）寝(ね)ます。

c) もう__________（遅(おそ)い）ですね。

d) 日本語がとても__________（上手）なりましたね。

e) この漢字はちょっと__________（小さい）ですね。少し

__________（大きい）書いてください。

f) パリは__________（有名）所(ところ)がたくさんあります。

a) Heya o ______________ (kirei) sh$_{i}$te kudasai.

b) Kyō ______________ (hayai) nemas$_{u}$.

c) Mō ______________ (osoi) des$_{u}$ ne.

d) Nihon-go ga totemo ______________ (jōzu) narimash$_{i}$ta ne.

e) Kono kanji wa chotto ______________ (chiisai) des$_{u}$ ne.
S$_{u}$koshi ____________ (ōkii) kaite kudasai.

f) Pari wa ______________ (yūmei) tokoro ga tak$_{u}$san arimas$_{u}$.

14. Setzen Sie diese besonderen Adjektive in der richtigen Form ein.** (§ 166.2 und 4)

1. この商品(しょうひん)は __________（近い）スーパーで売っていません。

2. 今日は ______________（特別）日でした。

3. 毎日 ______________（同じ）時間に起きますか。

4. ______________（普通(ふつう)）人はそう思いません。

5. それは ______________（大きい）問題ですね。

6. このメールは ______________（多い）ユーザーに無視(むし)されました。

1. Kono shōhin wa _________ (chikai) sūpā de utte imasen.
2. Kyō wa _________ (tokubetsu) hi desh$_i$ta.
3. Mainichi _________ (onaji) jikan ni okimas$_u$ ka.
4. _________ (futsū) h$_i$to wa sō omoimasen.
5. Sore wa _________ (ōkii) mondai des$_u$ ne.
6. Kono mēru wa _________ (ōi) yūzā ni mushi saremash$_i$ta.

15. Übersetzen Sie.***

1. Tokyo ist eine große Stadt.
2. Ich mag Tokyo. Es gibt viele neue Gebäude.
3. Der berühmte Tokyo Skytree ist hoch und echt cool!
4. Gestern waren viele Leute da.
5. Aber weil das Wetter schlecht war, war die Aussicht nicht besonders gut.
6. Wir sind schnell wieder hinuntergegangen. Trotzdem hat es Spaß gemacht.
7. Ich bin traurig, weil ich bald nach Deutschland zurückfahre. Mein Gastbruder wirkt auch traurig.

Kapitel 15 Adverbien

1. Wo fungiert das unterstrichene Wort als Adverb? * (§ 174)

1. Es ist spät.
2. Du bist groß geworden.
3. Er war ein guter Läufer.
4. Ich kann nicht schön schreiben.
5. Deine Schrift soll ja so schön sein!
6. Er gähnte laut.
7. Putz Dir ordentlich die Zähne!

2. Setzen Sie das Adjektiv als Adverb ein.** (§ 175)

1. あやちゃんは ____________ （大きい）なりましたね。
2. ______________ （静(しず)か）しなさい。
3. もう遅(おそ)いです。 ______________ （早い）片付(かたづ)けましょう。
4. 先生は______________ （丁寧(ていねい)）説明(せつめい)してくれました。
5. ______________ （遅(おそ)い）なって、ごめんなさい。
6. ______________ （いい）できました!

1. Aya-chan wa ______________ (ōkii) narimash$_i$ta ne.
2. ______________ (shizuka) shinasai.
3. Mō osoi des$_u$. ______________ (hayai) katazukemashō.
4. Sensei wa ______________ (teinei) setsumei sh$_i$te kuremash$_i$ta.
5. ______________ (osoi) natte, gomen nasai.
6. ______________ (ii) dekimash$_i$ta!

3. Welche Wortform ist die richtige? * (§§ 166-170)

1. 先週病気だったが、今は {a 元気 | b 元気に} なった。
2. 森(もり)さんは {a まじめな | b まじめに} 人ですね。
3. まだ {a 早い | b 早く} ですね。まだ５時です。
4. 日本語があまり {a 上手に | b 上手} じゃありません。
5. 名刺(めいし)を {a 新しい | b 新しく} 作りました。
6. 今日はとても{a 楽しい | b 楽しく} 一日でした。
7. {a いい | b よく} 成績(せいせき)を取(と)りたいです。

1. Senshū byōki datta ga, ima wa {**a** genki | **b** genki ni} natta.
2. Mori-san wa {**a** majime na | **b** majime ni} h$_i$to des$_u$ ne.
3. Mada {**a** hayai | **b** hayaku} des$_u$ ne. Mada goji des$_u$.
4. Nihon-go ga amari {**a** jōzu ni | **b** jōzu} ja arimasen.
5. Meishi o {**a** atarashii | **b** atarash$_i$ku} ts$_u$kurimash$_i$ta.
6. Kyō wa totemo {**a** tanoshii | **b** tanosh$_i$ku} ichinichi desh$_i$ta.
7. {**a** Ii | **b** Yoku} seiseki o toritai des$_u$.

4. Welches Wort kommt an welche Stelle? ** (§ 177)

I. 私は 1 2 3 寝(ね)ました。

a とても　　b きのう　　c 早く

II. 1 2 ニュースを見ます。

a 毎日　　b 6 時に

III. この部屋(へや)は 1 2 なりました。

a きれいに　　b 本当(ほんとう)に

IV. 私は 1 2 学校から帰ります。

a よく　　b 歩いて

I. Watashi wa _1_ _2_ _3_ nemash$_{i}$ta.
   a) totemo b) kinō c) hayaku

II. _1_ _2_ nyūsu o mimas$_{u}$.
   a) mainichi b) rokuji ni

III. Kono heya wa _1_ _2_ narimash$_{i}$ta.
   a) kirei ni b) hontō ni

IV. Watashi wa _1_ _2_ gakkō kara kaerimas$_{u}$.
   a) yoku b) aruite

5. Welche Verbform ist die passende? * (§ 179)

1. 納豆(なっとう)はあまり {a 食べます | b 食べません} 。
2. 納豆をぜひ {a 食べたいです | b 食べます} 。
3. 私の財布(さいふ)はどこにも {a あります | b ありません} 。
4. もしかすると彼(かれ)はもう{a 来ない | b 来ないかもしれない} 。
5. 夫(おっと)はきっと私の誕生日(たんじょうび)を {a 忘(わす)れませんでした | b 忘れたでしょう} 。
6. 答えは全然(ぜんぜん) {a 分かりました | b 分かりません} 。

1. Nattō wa amari {**a** tabemas$_{u}$ | **b** tabemasen}.
2. Nattō o zehi {**a** tabetai des$_{u}$ | **b** tabemas$_{u}$}.
3. Watashi no saifu wa doko nimo {**a** arimas$_{u}$ | **b** arimasen}.
4. Moshi ka suru to kare wa mō {**a** konai | **b** konai kamo shirenai}.
5. Otto wa kitto watashi no tanjōbi o {**a** wasuremasen desh$_{i}$ta | **b** wasureta deshō}.
6. Kotae wa zenzen {**a** wakarimash$_{i}$ta | **b** wakarimasen}.

6. Beantworten Sie die Fragen.** (§§ 180-181)

1. A: もう晩(ばん)ご飯(はん)を食べましたか。

   B: いいえ、まだ＿＿＿＿＿＿＿＿＿＿＿＿＿＿。

2. A: もう新幹線(しんかんせん)の切符(きっぷ)を買いましたか。

   B: いいえ、まだ＿＿＿＿＿＿＿＿＿＿＿＿＿＿。

3. A: もうこの映画を見ましたか。

   B: いいえ、まだ＿＿＿＿＿＿＿＿＿＿＿＿＿＿。

4. A: もう借りたお金を返(かえ)した？

   B: ううん、まだ＿＿＿＿＿＿＿＿＿＿＿＿＿＿。

5. A: もうあやちゃんの誕生日(たんじょうび)ケーキを作った？

   B: ううん、まだ＿＿＿＿＿＿＿＿＿＿＿＿＿＿。

1. A: Mō bangohan o tabemash$_{i}$ta ka.

   B: Iie, mada __________________________.

2. A: Mō shinkansen no kippu o kaimash$_{i}$ta ka.

   B: Iie, mada __________________________.

3. A: Mō kono eiga o mimash$_{i}$ta ka.

   B: Iie, mada __________________________.

4. A: Mō karita o-kane o kaesh$_{i}$ta?

   B: Uun, mada __________________________.

5. A: Mō Aya-chan no tanjōbi kēki o ts$_{u}$kutta?

   B: Uun, mada __________________________.

7. Welche Antworten passen? * (§§ 180-181)

1 もう帰りますか。	a) いいえ、まだ寝ません。
2 もう寝(ね)ますか。	b) いいえ、まだ帰りません。
3 健(けん)さんはもう帰りましたか。	c) いいえ、まだ帰っていません。
4 あやちゃんはもう寝ていますか。	d) いいえ、まだ寝ていません。

1 Mō kaerimas$_u$ ka.	a) Iie, mada nemasen
2 Mō nemas$_u$ ka.	b) Iie, mada kaerimasen.
3 Ken-san wa mō kaerimash$_i$ta ka.	c) Iie, mada kaette imasen.
4 Aya-chan wa mō nete imas$_u$ ka.	d) Iie, mada nete imasen.

8. Übersetzen Sie.***

1. Es ist kalt geworden.
2. Japaner malen die Sonne rot.
3. Er hat es auf einfache Weise erklärt.
4. Die Kinder sind sicher (=unbeschadet) nach Hause gekommen.
5. Die Prüfung war äußert schwierig.
6. Ich habe mir (leider) die Haare kurz abgeschnitten.
7. Lasst uns mit Freude Japanisch lernen!
8. Leider kann ich nicht nach Japan fahren.
9. Ich schaue überhaupt kein Fernsehen.
10. Es ist erst 8 Uhr.
11. Ich habe noch keinen Hunger.
12. Warten Sie bitte noch ein bisschen.

Kapitel 16 Steigerungsformen

1. Bilden Sie Vergleichsfragen wie in 1.*** (§ 183)

1. 電車・バス・速(はや)い

   電車とバス（と）ではどちらのほうが速いですか。

2. 富士山(ふじさん)・エベレスト・高い
3. ライン川・アマゾン川・長い
4. 東京・ベルリン・大きい
5. エッフェル塔(とう)・東京タワー・古い
6. 漢字・平仮名(ひらがな)・難(むずか)しい
7. 南極(なんきょく)・北極(ほっきょく)・寒(さむ)い

1. Densha・bas$_u$・hayai

   Densha to bas$_u$ (to) dewa dochira no hō ga hayai des$_u$ ka.

2. Fujisan・Eberes$_u$to・takai
3. Rain-gawa・Amazon-gawa・nagai
4. Tōkyō・Berurin・ōkii
5. Efferu-tō・Tōkyō-tawā・furui
6. Kanji・hiragana・muzukashii
7. Nankyoku・Hokkyoku・samui

2. Beantworten Sie die Fragen aus Übung 1.*** (§ 184)

1. 電車のほうがバスより速いです。

   Densha no hō ga bas$_u$ yori hayai des$_u$.

2. ….

3. Setzen Sie die passende Partikel ein.** (§§ 183-184)

1. 今の子供(こども)は魚より肉のほう__食べていると思います。
2. あの歌手は日本より韓国(かんこく)のほう__有名らしいです。
3. 大人より子供のほう__よく笑(わら)っている。
4. 私は母より父のほう__よく似(に)ています。

1. Ima no kodomo wa sakana yori niku no hō __ tabete iru to omoimas$_u$.
2. Ano kashu wa Nihon yori Kankoku no hō __ yūmei rashii des$_u$.
3. Otona yori kodomo no hō __ yoku waratte iru.
4. Watashi wa haha yori chichi no hō __ yoku nite imas$_u$.

4. Beantworten Sie die Fragen.** (§ 185)

1. アルファベットは平仮名(ひらがな)より多いですか。

   いいえ、________________________________。

2. 平仮名は漢字より古いですか。

   いいえ、________________________________。

3. ホテルは旅館より高いですか。

   いいえ、________________________________。

4. ドイツ料理は日本料理よりおいしい？

   ううん、________________________________。

5. 漢字は平仮名より簡単(かんたん)ですか。

   いいえ、________________________________。

6. 芥川賞(あくたがわしょう)はノーベル賞より有名ですか。

   いいえ、________________________________。

1. Arufabetto wa hiragana yori ōi des$_u$ ka.
   Iie, ____.
2. Hiragana wa kanji yori furui des$_u$ ka
   Iie, ____.
3. Hoteru wa ryokan yori takai des$_u$ ka.
   Iie, ____.
4. Doitsu ryōri wa Nihon ryōri yori oishii?
   Uun, ____.
5. Kanji wa Hiragana yori kantan des$_u$ ka.
   Iie, ____.
6. Akutagawa-shō wa Nōberu-shō yori yūmei des$_u$ ka.
   Iie, ____.

5. Fragen Sie nach dem besten Vertreter.*** (§ 187)

1. 動物・何・足が速(はや)い
2. 学生・だれ・頭(あたま)がいい
3. 日本料理・何・好(す)き
4. 家事・何・嫌(きら)い
5. バス・電車・新幹線(しんかんせん)・何・速い
6. お寿司(すし)・天ぷら・とんかつ・何・好き

1. Dōbutsu ・nani・ashi ga hayai
2. Gak$_u$sei・dare・atama ga ii
3. Nihon ryōri ・nani・s$_u$ki
4. Kaji・nani・kirai
5. Bas$_u$・densha・shinkansen・nani・hayai
6. O-sushi・tenpura・tonkatsu・nani・s$_u$ki

6. Setzen Sie ein.** (§ 187)

どこ doko, だれ dare, いつ itsu, どれ dore **oder** なに nani

1. 季節(きせつ)の中で____が一番(いちばん)好(す)きですか。
2. 世界の国の中で____が一番暑(あつ)いですか。
3. 先生の中で____が一番優(やさ)しいですか。
4. 今まで作ったケーキの中で____が一番おいしかったですか。
5. 動物の中で____が一番強いですか。
6. 高校時代、____に一番長く住んでいましたか。
7. 日常生活(にちじょうせいかつ)の中で____を一番大切にしていますか。

1. Kisetsu no naka de ____ ga ichiban s$_u$ki des$_u$ ka.
2. Sekai no kuni no naka de ____ ga ichiban atsui des$_u$ ka.
3. Sensei no naka de ____ ga ichiban yasashii des$_u$ ka.
4. Ima made ts$_u$kutta kēki no naka de ____ ga ichiban oish$_i$katta des$_u$ ka.
5. Dōbutsu no naka de ____ ga ichiban tsuyoi des$_u$ ka.
6. Kōkō jidai, ____ ni ichiban nagaku sunde imash$_i$ta ka.
7. Nichijō seikatsu no naka de ____ o ichiban taisetsu ni sh$_i$te imas$_u$ ka.

7. Übersetzen Sie.***

1. Berlin ist größer als Frankfurt.
2. Frankfurt ist nicht so groß wie Berlin.
3. Was mögen Sie lieber, Udon oder Soba?
4. Welche Jahreszeit ist am wärmsten?
5. Der Fujisan ist der höchste Berg Japans.
6. In welcher Stadt in Deutschland möchtest Du am liebsten leben?

Kapitel 17 Konjunktionen

1. Verbinden Sie die passenden Satzteile.* (§ 203)

1. お金がないから	a) ケーキを作りました。
2. お酒(さけ)を飲みすぎたから	b) 授業(じゅぎょう)に遅(おく)れました。
3. 朝寝坊(あさねぼう)したから	c) 頭(あたま)が痛(いた)いです。
4. あした娘(むすめ)の誕生日(たんじょうび)だから	d) 歩いて５分しかかからない。
5. 近いから	e) 旅行に行けません。
6. 日本が好(す)きですから	f) 日本語を勉強します。

1. O-kane ga nai kara	a) kēki o ts$_u$kurimash$_i$ta.
2. O-sake o nomisugita kara	b) jugyō ni okuremash$_i$ta.
3. Asanebō sh$_i$ta kara	c) atama ga itai des$_u$.
4. Ash$_i$ta musume no tanjōbi da kara	d) aruite gofun sh$_i$ka kakaranai.
5. Chikai kara	e) ryokō ni ikemasen.
6. Nihon ga s$_u$ki des$_u$ kara	f) Nihon-go o benkyō shimas$_u$.

2. Verbinden Sie mit から kara. Achten Sie auf die Stellung des Nebensatzes.** (§§ 188, 203)

1. タクシーで帰ります	雨が降(ふ)っています
2. パーティーに行きませんでした	時間がありませんでした
3. あのレストランはおいしいです	よく食べに行きます
4. 薬(くすり)を飲みました	頭(あたま)が痛(いた)いです

1. Tak$_u$shī de kaerimas$_u$	Ame ga futte imas$_u$
2. Pātī ni ikimasen desh$_i$ta	Jikan ga arimasen desh$_i$ta
3. Ano res$_u$toran wa oishii des$_u$	Yoku tabe ni ikimas$_u$

4. K$_{u}$suri o nomimash$_{i}$ta   Atama ga itai des$_{u}$

3. Ersetzen Sie – wenn möglich – から kara **mit** ので node.** (§§ 203-204)

1. 先生ですから、何でも知っています。

   Sensei des$_{u}$ kara, nan demo sh$_{i}$tte imas$_{u}$.

2. おいしいから、つい食べてしまいました。

   Oishii kara, tsui tabete shimaimash$_{i}$ta.

3. きのうから秋のようです。

   Kinō kara aki no yō des$_{u}$.

4. 明子さんは病気だから、学校に来ません。

   Akiko-san wa byōki da kara, gakkō ni kimasen.

5. あした試験がありますから、勉強します。

   Ash$_{i}$ta sh$_{i}$ken ga arimas$_{u}$ kara, benkyō shimas$_{u}$.

6. あの携帯(けいたい)は高かったから、買いませんでした。

   Ano keitai wa takakatta kara, kaimasen desh$_{i}$ta.

7. お寿司(すし)が好(す)きですから、よく食べます。

   O-sushi ga s$_{u}$ki des$_{u}$ kara, yoku tabemas$_{u}$.

8. 授業(じゅぎょう)が終わってから、友達(ともだち)とご飯を食べに行った。

   Jugyō ga owatte kara, tomodachi to gohan o tabe ni itta.

4. Was passt in die Lücke? *** (§§ 203-205)

1. お金がない_____ 新しいコンピューターが買えません。

   a) から   b) ので   c) ため

2. あした国に帰る _____ 今夜空港(くうこう)の近くのホテルに泊(と)まります。

   a) から   b) ので   c) ため

3. 今日は暇(ひま)な____家でごろごろしています。

a) から　　b) ので　　c) ため

4. 将来(しょうらい)困(こま)る____勉強しなさい。

a) から　　b) ので　　c) ため

5. 受験(じゅけん)に____ため親が嬉(うれ)しくて、スマホを買ってくれた。

a) 合格(ごうかく)した　　b) 合格する

6. 明子さんは海外に____ため、連絡(れんらく)が取(と)れません。

a) 行く　　b) いる

1. O-kane ga nai _____ atarashii konpyūtā ga kaemasen.

a) kara　　b) node　　c) tame

2. Ash$_{i}$ta kuni ni kaeru _____ konya kūkō no chikaku no hoteru ni tomarimas$_{u}$.

a) kara　　b) node　　c) tame

3. Kyō wa hima na ____ ie de gorogoro sh$_{i}$te imas$_{u}$.

a) kara　　b) node　　c) tame

4. Shōrai komaru _____ benkyō shinasai.

a) kara　　b) node　　c) tame

5. Juken ni ___ tame oya ga uresh$_{i}$k$_{u}$te, sumaho o katte kureta.

a) gōkaku sh$_{i}$ta　　b) gōkaku suru

6. Akiko-san wa kaigai ni _____ tame, renraku ga toremasen.

a) iku　　b) iru

5. Übersetzen Sie.***

1. Weil es regnet, gehe ich nicht spazieren.

2. Ich gehe nicht in die Schule, weil ich krank bin.

3. Wollen wir spazieren gehen? Denn der Regen hat aufgehört.

4. Wegen eines Staus hatte der Bus Verspätung.

6. Welche Verbform steht vor der Konjunktion? ** (§§ 189-200)

a) 読んで yonde　b) 読んでいる yonde iru　c) 読み yomi　d) 読む yomu　e) 読んだ yonda

1. 前に mae ni
2. 後で ato de
3. から kara
4. 度に tabi ni
5. ながら nagara
6. 時に toki ni

7. Hängen Sie ながら -nagara **an.*** (§ 196)

a) 書く kaku	書きながら kakinagara
b) 待つ matsu	______________
c) 読む yomu	______________
d) 勉強する benkyō suru	______________
e) たばこを吸(す)う tabako o suu	______________
f) 考える kangaeru	______________
g) 遊(あそ)ぶ asobu	______________
h) 踊(おど)る odoru	______________

8. Setzen Sie das eingeklammerte Verb ein.** (§§ 189-200)

1. 日本人はご飯を（食べます）___________前に、「いただきます」と言います。
2. 日本人はご飯を（食べます）___________後で、「ごちそうさま」と言います。
3. 私は（勉強します）___________間、よく音楽を聞きます。
4. 家に（帰ります）___________から、電話します。
5. （寝(ね)ます）___________前に歯(は)を磨(みが)きます。

6. コーヒーを（飲みます）___________ながら、おしゃべりしましょう。

7. （起きます）___________後で、シャワーを浴びました。

1. Nihon-jin wa gohan o (tabemas$_u$) ___________ mae ni, „itadakimas$_u$“ to iimas$_u$.
2. Nihon-jin wa gohan o (tabemas$_u$) ___________ ato de, „gochisō-sama“ to iimas$_u$.
3. Watashi wa (benkyō shimas$_u$) ___________ aida, yoku ongaku o kikimas$_u$.
4. Ie ni (kaerimas$_u$) ___________ kara, dewa shimas$_u$.
5. (nemas$_u$) ___________ mae ni ha o migakimas$_u$.
6. Kōhī o (nomimas$_u$) __________ nagara, oshaberi shimashō.
7. (okimas$_u$) ___________ ato de, shawā o abimash$_i$ta.

9. Setzen Sie in der richtigen Form ein.** (§§ 189-200)

1. 日本人は家に（入ります）_________ 時、靴を脱ぎます。
2. 鏡を（見ます）_________ 度に髪の毛が気になっています。
3. バスに（乗ります）________ 際に整理券を取ってください。
4. 私が（笑います）_________ とみんなが笑いました。
5. （話します）_________ 途中で何を話しているのか分からなくなった。
6. バスを（降ります）________ 際、お足元にご注意ください。
7. まだ（元気です）_______ うちに、あちこち旅行したいです。

1. Nihon-jin wa ie ni (hairimas$_u$) ___________ toki, kutsu o nugimas$_u$.
2. Kagami o (mimas$_u$) ___________ tabi ni kami no ke ga ki ni natte imas$_u$.
3. Bas$_u$ ni (norimas$_u$) ___________ sai ni seiriken o totte kudasai.
4. Watashi ga (waraimas$_u$) ___________ to minna ga waraimash$_i$ta.
5. (Hanashimas$_u$) ___________ tochū de nani o hanash$_i$te iru no ka warakanaku natta.
6. Bas$_u$ o (orimas$_u$) ___________ sai, o-ashimoto ni go-chūi kudasai.
7. Mada (genki des$_u$) ___________ uchi ni, achi kochi ryokō sh$_i$tai des$_u$.

10. Verbinden Sie die Satzteile.** (§189)

1. シャワーを浴(あ)びる時	a) きれいな服(ふく)を着ます。
2. シャワーを浴びている時	b) 服を脱(ぬ)ぎます。
3. シャワーを浴びた時	c) 電話に出られません。

1. Shawā o abiru toki	a) kirei na fuku o kimas$_u$.
2. Shawā o abite iru toki	b) fuku o nugimas$_u$.
3. Shawā o abita toki	c) denwa ni deraremasen.

11. Setzen Sie die passende zeitliche Konjunktion ein.**
(§§ 189-200)

ながら nagara、前に mae ni、度に tabi ni、たら tara、
後で ato de、うちに uchi ni、から kara、と to

1. 寝(ね)る___________パジャマに着替(きが)えます。
2. お母さんがいない___________、ずっとゲームをやってしまいました。
3. 食べ___________やせることはできますか。
4. スーパーに行っ___________、定休日(ていきゅうび)で、閉(し)まっていました。
5. 友達(ともだち)は結婚(けっこん)した___________仕事を辞(や)めました。
6. きょう起きて___________機嫌(きげん)が悪い。
7. 私がベランダに出る___________隣(となり)の犬は必(かなら)ず吠(ほ)えます。

1. Neru ___________ pajama ni kigaemas$_u$.
2. O-kāsan ga inai ___________, zutto gēmu o yatte shimaimash$_i$ta.
3. Tabe___________ yaseru koto wa dekimas$_u$ ka.
4. Sūpā ni it ___________, teikyūbi de, shimatte imash$_i$ta.
5. Tomodachi wa kekkon sh$_i$ta ___________ shigoto o yamemash$_i$ta.
6. Kyō okite ___________ kigen ga warui.
7. Watashi ga beranda ni deru ___________ tonari no inu wa kanarazu hoemas$_u$.

12. Wählen Sie das passende Element aus.* (§§ 189-200)

1. 日本人はご飯を_____時に「ごちそうさまでした」と言います。

   a) 食べる　　b) 食べている　　c) 食べた

2. 家に_____途中(とちゅう)で、コンビニで買い物をした。

   a) 帰る　　b) 帰っている　　c) 帰った　　d) 帰り

3. 先生が_____途中で話をしたり質問したりするのはよくないです。

   a) 話す　　b) 話している　　c) 話した　　d) 話し

4. _____うちにやってみたいことはありませんか。

   a) 生きる　　b) 生きている　　c) 生きた　　d) 生き

5. 私がお風呂(ふろ)に入っている_____猫(ねこ)はドアの前で待っていた。

   a) 間　　b) 間に　　c) 途中で　　d) ながら

6. 試合(しあい)が_____、雨がやっと止みました。

   a) 終わったから　　b) 終わった前　　c) 終わった後

1. Nihon-jin wa gohan o _________ toki ni “gochisō-sama deshita” to iimas$_u$.

   a) taberu　　b) tabete iru　　c) tabeta

2. Ie ni _________ tochū de, konbini de kaimono o sh$_i$ta.

   a) kaeru　　b) kaette iru　　c) kaetta　　d) kaeri

3. Sensei ga _________ tochū de hanashi o sh$_i$tari sh$_i$tsumon o sh$_i$tari suru no wa yoku nai des$_u$.

   a) hanasu　　b) hanash$_i$te iru　　c) hanash$_i$ta　　d) hanashi

4. _________ uchi ni yatte mitai koto wa arimasen ka.

   a) ikiru　　b) ikite iru　　c) ikita　　d) iki

5. Watashi ga o-furo ni haitte iru _________ neko wa doa no mae de matte ita.
   a) aida　　b) aida ni　　c) tochū de　　d) nagara
6. Shiai ga _________, ame ga yatto yamimashita.
   a) owatta kara　　b) owatta mae ni　　c) owatta ato de

13. Übersetzen Sie.*** (§§ 189-200)

1. Bevor ich aß, wusch ich mir die Hände.
2. Beim Lernen höre ich Musik.
3. Lass uns spazieren gehen, solange es noch nicht regnet.
4. Während die Familie schlief, kam ein Einbrecher herein.
5. Während das Kind schlief, machte ich den Haushalt.
6. Als ich die Kiste öffnete, war nichts drin.
7. Nachdem wir zu Abend gegessen hatten, schauten wir einen Film.
8. Während ich duschte, klingelte das Telefon.
9. Lass uns aufräumen, solange es noch hell ist.

14. Wählen Sie eine finale Konjunktion aus.* (§§ 209-211)

1. 忘(わす)れない {a ように | b ために} メモしておく。
2. サインペン は名前を書く {a のに | b ように} 使います。
3. 試合(しあい)に勝(か)つ {a ように | b ために} 練習(れんしゅう)します。
4. 忘れ物をしない {a ように | b ために} 注意してください。
5. 窓(まど)を閉(し)める {a のに | b ために} 立ちあがった。
6. SNS にアップする {a ように | b ために} 撮影(さつえい)します。
7. 皆(みな)に見える {a ように | b ために} 字を大きく書いてください。

1. Wasurenai {**a** yō ni | **b** tame ni} memo sh$_i$te oku.
2. Sainpen wa namae o kaku {**a** no ni | **b** yō ni} ts$_u$kaimas$_u$.
3. Shiai ni katsu {**a** yō ni | **b** tame ni} renshū shimas$_u$.
4. Wasuremono o shinai {**a** yō ni | **b** tame ni} go-chūi kudasai.
5. Mado o shimeru {**a** no ni | **b** tame ni} tachiagatta.
6. SNS ni app$_u$ suru {**a** yō ni | **b** tame ni} satsuei shimas$_u$.
7. Mina ni mieru {**a** yō ni | **b** tame ni} ji o ōkiku kaite kudasai.

15. Bilden Sie Sätze mit der Konjunktion し shi.** (§ 213)

1. のどが痛(いた)い・熱(ねつ)がある・きょうは学校を休みます
2. この仕事・残業(ざんぎょう)が多い・給料(きゅうりょう)が安い・だれもやりたがらない
3. この歌手・かっこいい・声(こえ)がきれい・若者(わかもの)に人気があります
4. この漫画(まんが)・ストーリが面白(おもしろ)い・絵(え)が可愛(かわい)い・よく売れています
5. この町・きれい・安全(あんぜん)・住みやすいです

1. nodo ga itai・netsu ga aru・kyō wa gakkō o yasumimas$_u$
2. kono shigoto・zangyō ga ōi・kyūryō ga yasui・dare mo yaritagaranai
3. kono kashu・kakko ii・koe ga kirei・wakamono ni ninki ga arimas$_u$
4. kono manga・s$_u$tōri ga omoshiroi・e ga kawaii・yoku urete imas$_u$
5. kono machi・kirei・anzen・sumiyasui des$_u$

16. Bilden Sie von den folgenden Verb- und Adjektivpaaren die tari-Form.* (§ 214)

a)	開ける akeru	閉(し)める shimeru	b) 出る deru	入る hairu
c)	行く iku	来る kuru	d) 立つ tatsu	座(すわ)る suwaru
e)	高い takai	安い yasui	f) 病気だ byōki da	元気だ genki da

17. Beantworten Sie die Fragen, indem Sie die Satzbausteine und たり -tari **verwenden.**** (§ 214)

1. 週末(しゅうまつ)にたいてい何をしますか。
   友達(ともだち)に会う　　映画を見る
2. 先週の週末に何をしましたか。
   美術館(びじゅつかん)に行く　　お寿司(すし)を食べる
3. 暇(ひま)な時、何がしたいですか。
   本を読む　　ゲームをする
4. 何をするのが好(す)きですか。
   買い物する　　カラオケに行く

1. Shūmatsu ni taitei nani o shimas$_u$ ka.
   Tomodachi ni au　　eiga o miru
2. Senshū no shūmatsu ni nani o shimash$_i$ta ka.
   Bijuts$_u$kan ni iku　　o-sushi o taberu
3. Hima na toki, nani ga sh$_i$tai des$_u$ ka.
   Hon o yomu　　gēmu o suru
4. Nani o suru no ga s$_u$ki des$_u$ ka.
   Kaimono suru　　karaoke ni iku

18. Formen Sie – wenn möglich – um, indem Sie ずに -zu ni **verwenden.**** (§ 215)

1. ご飯を食べないで、寝(ね)ました。
2. 何も言わないでください。
3. 傘(かさ)を持たないで、出かけました。
4. あの人は勉強しないで、いい点数(てんすう)が取(と)れるから、羨(うらや)ましいです。
5. 辞書(じしょ)を使わないで、このテキストを読んでみてください。
6. 今の子供(こども)は親に聞かないで、スマホで調(しら)べるでしょう。
7. 英語が分からなくて、アメリカで困(こま)りました。

1. Gohan o tabenaide, nemash$_i$ta.
2. Nani mo iwanaide kudasai.
3. Kasa o motanaide, dekakemash$_i$ta.
4. Ano h$_i$to wa benkyō shinaide, ii tensū ga toreru kara, urayamashii des$_u$.
5. Jisho o ts$_u$kawanaide, kono tekis$_u$to o yonde mite kudasai.
6. Ima no kodomo wa oya ni kikanaide, sumaho de shiraberu deshō.
7. Eigo ga wakaranak$_u$te, Amerika de komarimash$_i$ta.

19. Hängen Sie たら -tara **an.*** (§ 220)

a) 食べる	b) 帰る	c) 思う	d) 見る
taberu	kaeru	omou	miru
e) 飛(と)ぶ	f) 死ぬ	g) 読む	h) 来る
tobu	shinu	yomu	kuru

i) する suru	j) 勝(か)つ katsu	k) 急ぐ isogu	l) 書く kaku
m) 行く iku	n) 話す hanasu	o) 高い takai	p) 元気だ genki da
q) きれいだ kirei da	r) おいしくない oish$_{i}$kunai	s) 悪い warui	t) いい ii

20. Hängen Sie ば -ba an.* (§ 222)

a) 考える kangaeru	b) 起きる okiru	c) 会う au	d) 消(け)す kesu
e) ある aru	f) 待つ matsu	g) 聞く kiku	h) 飲む nomu
i) 死ぬ shinu	j) 泳(およ)ぐ oyogu	k) 遊(あそ)ぶ asobu	l) 来る kuru
m) する suru	n) 元気だ genki da	o) 暇(ひま)だ hima da	p) 古い furui
q) 暑(あつ)い atsui	r) 寒(さむ)くない samukunai	s) 安くない yas$_{u}$kunai	t) いい ii

21. Setzen Sie in der richtigen Form ein.** (§ 219-222)

1. 道が（分からない）________ば、電話してください。
2. （いい）________たら、遊(あそ)びに来てください。
3. もしお金がたくさん（ある）________たら、何をしますか。
4. タクシーに乗(の)って（行く）_____ば、間に合(あ)うと思います。
5. 授業(じゅぎょう)が（終わる）_______たら、一緒(いっしょ)に食事をしませんか。
6. A: 私のセーターを知らない?
   B: あの白いセーター（だ）________ベッドの上にあるよ。

1. Michi ga (wakaranai) __________ba, denwa sh$_i$te kudasai.
2. (ii) __________tara, asobi ni kite kudasai.
3. Moshi o-kane ga tak$_u$san (aru) __________tara, nani o shimas$_u$ ka.
4. Tak$_u$shī ni notte (iku) __________ba, ma ni au to omoimas$_u$.
5. Jugyō ga (owaru) __________tara, issho ni shokuji o shimasen ka.
6. A. Watashi no sētā o shiranai?
   B: Ano shiroi sētā (da) __________ beddo no ue ni aru yo.

22. Wählen Sie die richtige Ergänzung aus.* (§§ 224-228)

1. いくら勉強しても、_______。

   a) 上手になりません　　b) 上手になりました

2. _______、質問があります。

   a) 突然(とつぜん)ですが　　b) 突然なのに

3. 夏は京都(きょうと)へ行った _______、冬は九州(きゅうしゅう)へ行く。

   a) のに　　b) が

4. 雨が降(ふ)っているのに______

   a) 散歩(さんぽ)をしない?　　b) 散歩をしました。

5. 日本人であり_______日本の歴史(れきし)について何も知りません。

   a) ながら　　b) のに

6. 私は絶対(ぜったい)行かないよ。お金を_______絶対行かない。

   a) くれても　　b) くれながら

7. ドイツ人は雨が_______傘(かさ)を差(さ)しません。

   a) 降(ふ)りながら　　b) 降っているのに

1. Ikura benkyō sh$_{i}$te mo, ____________.
   a) jōzu ni narimasen b) jōzu ni narimash$_{i}$ta
2. ____________, shitsumon ga arimas$_{u}$.
   a) Totsuzen des$_{u}$ ga b) Totsuzen na noni
3. Natsu wa Kyōto e itta ___________, fuyu wa Kyūshū e iku.
   a) noni b) ga
4. Ame ge futte iru noni ____________
   a) sanpo o shinai? b) sanpo o shimash$_{i}$ta
5. Nihon-jin de ari ____________ Nihon no rek$_{i}$shi ni tsuite nani mo shirimasen.
   a) nagara b) noni
6. Watashi wa zettai ikanai yo. O-kane o _______ zettai ikanai.
   a) kurete mo b) kurenagara
7. Doitsu-jin wa ame ga _______ kasa o sashimasen.
   a) furinagara b) futte iru noni

23. Übersetzen Sie.***

1. Was soll ich machen?
2. Was würden Sie kaufen, wenn Sie viel Geld hätten?
3. Öffnen Sie bitte das Fenster, wenn es (zu) heiß ist.
4. Wenn man langsam spricht, verstehe ich das.
5. Wenn es Frühling wird, blühen die Blumen.
6. Ich denke, ich an deiner Stelle würde nicht fahren.
7. Auch wenn ich eine Diät mache, nehme ich nicht ab.

24. Setzen Sie in der richtigen Form ein.***

1. ________（日本人だ）ので、日本に________（入る）時、ビザが要(い)らない。
2. 大学を________（卒業(そつぎょう)する）からずっとパートタイムでコンビニで働(はたら)いている。
3. いけないと________（思う）ながらつい笑(わら)ってしまいます。
4. ズボンの下にパジャマを________（履(は)く）まま家を出ました。
5. 学校が________（始まる）前にノートなどを買わなければなりません。
6. 男の人は何も________（言う）まま家を出て、そのまま関係(かんけい)を終わりにした。
7. 親が________（働く）間、一人で食事をし、ゲームなどをして過(す)ごす子も多いです。

1. ______ (Nihon-jin da) node, Nihon ni ______ (hairu) toki, biza ga iranai.
2. Daigkau o ______ (sotsugyō suru) kara zutto pāto taimu de konbini de hataraite iru.
3. Ikenai to ______ (omou) nagara tsui waratte shimaimas$_u$.
4. Zubon no sh$_i$ta ni pajama o ______ (haku) mama ie o demash$_i$ta.
5. Gakkō ga ______ (hajimaru) mae ni nōto nado o kawanake-reba narimasen.
6. Otoko no h$_i$to wa nani mo ______ (iu) mama, ie o dete, sono mama kankei o owari ni sh$_i$ta.
7. Oya ga ______ (hataraku) aida, h$_i$tori de shokuji o shi, gēmu nado o sh$_i$te sugosu ko mo ōi des$_u$.

Kapitel 18 Indirekte Rede

1. Berichten Sie, was Akiko alles sagte.** (§§ 235-236)

1. 明子: 私は素敵(すてき)なアパートに住んでいます。→ 明子さんは …
2. 明子: 家賃(やちん)が安くて、静(しず)かです。
3. 明子: でも、アパートは便利(べんり)じゃないです。
4. 明子: 駅から遠(とお)いです。
5. 明子: 便利なところに住みたいです。
6. 明子: 新しいアパートを探(さが)しています。
7. 明子: 先週不動産(ふどうさん)屋に電話をしました。

1. Akiko: Watashi wa s$_{u}$teki na apāto ni sunde imas$_{u}$. → Akiko-san wa …
2. Akiko: Yachin ga yasuk$_{u}$te, shizuka des$_{u}$.
3. Akiko: Demo, apāto wa benri ja nai des$_{u}$.
4. Akiko: Eki kara tōi des$_{u}$.
5. Akiko: Benri na tokoro ni sumitai des$_{u}$.
6. Akiko: Atarashii apāto o sagash$_{i}$te imas$_{u}$.
7. Akiko: Senshū fudōsan-ya ni denwa o shimash$_{i}$ta.

2. Was weiß Akiko über die Wohnung nicht? Berichten Sie.** (§§ 237-238)

1. その部屋(へや)は何階にありますか。→ 明子さんは…分かりません。
2. 駅に近いですか。
3. 駅まで歩いてどのぐらいかかりますか。
4. 家賃(やちん)はいくらですか。
5. いつ建てられましたか。

6. エアコンがありますか。

7. ペットを飼ってもいいですか。

1. Sono heya wa nangai ni arimas$_{u}$ ka. → Akiko-san wa …. wakarimasen.
2. Eki ni chikai des$_{u}$ ka.
3. Eki made aruite dono gurai kakarimas$_{u}$ ka.
4. Yachin wa ikura des$_{u}$ ka.
5. Itsu taterarremash$_{i}$ta ka.
6. Eakon ga arimas$_{u}$ ka.
7. Petto o katte mo ii des$_{u}$ ka.

3. Vervollständigen Sie die Sätze mit den eingeklammerten Verben in der richtigen Form.*** (§ 239)

1. 忘れ物を________________（する）ご注意ください。
2. スマートフォンの電源を___________（切る）お願いします。
3. 小さい声で________________（話す）お願いします。
4. たばこを________________（吸う）お願いします。
5. 課長に書類をコピー________________（する）頼まれました。
6. 医者に毎日___________（運動する）アドバイスされました。

1. Wasuremono o ________________ (suru) go-chūi kudasai.
2. Sumātofon no dengen o ___________ (kiru) o-negai shimas$_{u}$.
3. Chiisai koe de ________________ (hanasu) o-negai shimas$_{u}$.
4. Tabako o ________________ (suu) o-negai shimas$_{u}$.
5. Kachō ni shorui o kopī ________________ (suru) tanomaremash$_{i}$ta.

6. Isha ni mainichi _______________ (undō suru) adobais$_u$ saremash$_i$ta.

4. Vervollständigen Sie die Sätze.*** (§§ 235-239)

1. いつ東京に行く______分かりません。
2. 先生は私が試験にパスした_____教えてくれませんでした。
3. 日本人は食事の前に「いただきます」______言います。
4. 先生に無理(むり)しない____言われました。
5. 夫(おっと)からスーツをクリーニングに出す____頼(たの)まれます。
6. 大人はよく、将来(しょうらい)何になりたい____聞いてくる。
7. また私から電話する____伝(つた)えてくれないか。

1. Itsu Tōkyō ni iku ______ wakarimasen.
2. Sensei wa watashi ga sh$_i$ken ni pas$_u$ sh$_i$ta ______ oshiete kuremasen desh$_i$ta.
3. Nihon-jin wa shokuji no mae ni “itadakimas$_u$” ______ iimas$_u$.
4. Sensei ni muri shinai ______ iwaremash$_i$ta.
5. Otto kara sūtsu o kurīningu ni dasu ____ tanomaremas$_u$.
6. Otona wa yoku, shōrai nani ni naritai ____ kīte kuru.
7. Mata watashi kara denwa suru ____ ts$_u$taete kurenai ka.

5. Übersetzen Sie.***

1. Ich denke, der nächste Test wird schwierig sein.
2. Akiko sagt, sie hat keinen Hunger.
3. Frau Professor, entschuldigen Sie, was haben Sie gesagt?
4. Ich weiß nicht, ob ich kommen kann.
5. Ich weiß nicht, was ich machen soll.
6. Man sagt, Natto ist gesund.

Kapitel 19 Sprechereinstellungen

1. Erklären Sie Ihr Verhalten. Formen Sie die Sätze wie im Beispiel um.** (§ 240)

どうしたんですか。

1. 頭(あたま)が痛(いた)いです。 → 頭が痛いんです。
2. 熱(ねつ)があります。
3. 病気です。
4. 財布(さいふ)を無(な)くしました。
5. お金がありません。
6. 友達(ともだち)を待っています。
7. 友達がいなくて、寂(さび)しいです。

Dō sh$_i$ta n des$_u$ ka.

1. Atama ga itai des$_u$. → Atama ga itai n des$_u$.
2. Netsu ga arimas$_u$.
3. Byōki des$_u$.
4. Saifu o nakushimash$_i$ta.
5. O-kane ga arimasen.
6. Tomodachi o matte imas$_u$.
7. Tomodachi ga inak$_u$te, sabishii des$_u$.

2. Wie ist das Wetter in Tokyo? Formulieren Sie die Aussagen als Vermutung mit でしょう deshō.*** (§ 241)

1. きょうは晴(はれ)れです。
2. あしたは晴れじゃないです。
3. あした雨が降(ふ)ります。

4. きょうは暖(あたた)かいです。

5. あしたはそんなに暖かくないです。

6. きのう曇(くも)りでした。

7. 気温(きおん)は 30 度じゃなかったです。

1. Kyō wa hare des$_{u}$.
2. Ash$_{i}$ta wa hare ja nai des$_{u}$.
3. Ash$_{i}$ta ame ga furimas$_{u}$.
4. Kyō wa atatakai des$_{u}$.
5. Ash$_{i}$ta wa sonna ni atatakakunai des$_{u}$.
6. Kinō kumori desh$_{i}$ta.
7. Kion wa sanjūdō ja nakatta des$_{u}$.

3. Formulieren Sie Vermutungen mit まい -mai.*** (§ 242)

1. 明子さんはもう来ません。

2. 兄はもう結婚(けっこん)しません。

3. 調査(ちょうさ)をしなければなりません。

4. 登録(とうろく)しても悪くないです。

5. 手間はかかるだろうが、それほど難(むずか)しくない。

6. 興味(きょうみ)のない人には面白(おもしろ)くないです。

1. Akiko-san wa mō kimasen.
2. Ani wa mō kekkon shimasen.
3. Chōsa o shinakereba narimasen.
4. Tōroku sh$_{i}$te mo waruku nai des$_{u}$.
5. Tema wa kakaru darō ga, sore hodo muzukash$_{i}$ku nai.
6. Kyōmi no nai h$_{i}$to niwa omoshirokunai des$_{u}$.

4. **Vervollständigen Sie die Tabelle.*** (§§ 245-247)

	みたい（です） mitai（des$_u$）	らしい（です） rashii（des$_u$）	ようです yō des$_u$
先生です sensei des$_u$	a)	b)	c)
大変です taihen des$_u$	d)	e)	f)
大変でした taihen desh$_i$ta	g)	h)	i)
高いです takai des$_u$	j)	k)	l)
行きます ikimas$_u$	m)	n)	o)
行きません ikimasen	p)	q)	r)

5. **Formulieren Sie als Vermutungen mit** かもしれません kamo shiremasen.** (§ 243)

1. 明子さんはもうすぐ来ます。
2. 今のうちに旅行しないと、あとで後悔（こうかい）します。
3. 明子さんは疲（つか）れました。
4. 大丈夫（だいじょうぶ）です。
5. 夢でした。
6. 明子さんは勉強しませんでした。

1. Akiko-san wa mō sugu kimas$_u$.
2. Ima no uchi ni ryokō shinai to, ato de kōkai shimas$_u$.
3. Akiko-san wa ts$_u$karemash$_i$ta.
4. Daijōbu des$_u$.
5. Yume desh$_i$ta.
6. Akiko-san wa benkyō shimasen desh$_i$ta.

6. Hängen Sie an die Prädikate die Konstruktion そうだ sō da **der Beobachtung an.**** (§ 248)

a) 降(ふ)る furu
b) 成功(せいこう)する seikō suru
c) 起きる okiru
d) おいしい oishii
e) 死ぬ shinu
f) いい ii
g) 泣(な)く naku
h) お金がない o-kane ga nai
i) 来る kuru
j) 大変だ taihen da

7. Welche Form ist die passende? * (§§ 248-249)

1. 空を見て！雨が {a 降(ふ)り | b 降る} そうだよ。
2. 天気予報(よほう)によると、あした雨が {a 降り | b 降る} そうです。
3. 怖(こわ)いの? 顔(かお)が {a 泣(な)き | b 泣く} そうだから。
4. 山田さんは来られないらしいです。ミーティングが {a あり | b ある} そうです。
5. ニュースによるとコロナによる死者(ししゃ)が {a 多 | b 多い} そうだ。
6. さっき、明子さんから電話があって、彼女(かのじょ)は３０分ぐらい {a 遅(おく)れ | b 遅れる} そうです。
7. どのケーキにしようかな。どれも {a おいし | b おいしい} そうです。

1. Sora o mite! Ame ga {**a** furi | **b** furu} sō da yo.
2. Tenki yohō ni yoru to, ash$_i$ta ame ga {**a** furi | **b** furu} sō des$_u$.
3. Kowai no? Kao ga {**a** naki | **b** naku} sō da kara.
4. Yamada-san wa korarenai rashii des$_u$. Mītingu ga {**a** ari | **b** aru} sō des$_u$.
5. Nyūsu ni yoru to korona ni yoru shisha ga {**a** ō | **b** ōi} sō da.
6. Sakki, Akiko-san kara denwa ga atte, kanojo wa sanjuppun gurai {**a** okure | **b** okureru} sō des$_u$.
7. Dono kēki ni shiyō kana. Dore mo {**a** oishi | **b** oishii} sō des$_u$.

8. Ersetzen Sie – wenn möglich – mit ようです yō des$_u$ **bzw.** ようだ yō da.* (§ 246)

1. 明子さんはお肉を全然(ぜんぜん)食べません。お肉が嫌(きら)いみたいです。
2. コンピューターは起動しません。壊(こわ)れているみたいです。
3. 明子さんの部屋(へや)に電気がついていない。留守(るす)みたい。
4. 早く二人の子供(こども)がみたいです。
5. コピー用紙はあと一枚(いちまい)しかありません。足りないみたいです。

1. Akiko-san wa o-niku o zenzen tabemasen. O-niku ga kirai mitai des$_u$.
2. Konpyūtā wa kidō shimasen. Kowarete iru mitai des$_u$.
3. Akiko-san no heya ni denki ga tsuite inai. Rusu mitai.
4. Hayaku f$_u$tari no kodomo ga mitai des$_u$.
5. Kopī yōshi wa ato ichimai sh$_i$ka arimasen. Tarinai mitai des$_u$.

Lösungen

Lösungen Kapitel 1 Sprachstile

Übung 1 **a)** いる iru・**b)** ある aru・**c)** なる naru・**d)** 言う iu・**e)** 思う omou・**f)** 見る miru・**g)** 行く iku・**h)** 来る kuru・**i)** 話す hanasu・**j)** する suru・**k)** 持つ motsu・**l)** 遊ぶ asobu・**m)** 泳ぐ oyogu・**n)** 死ぬ shinu・**o)** 読む yomu・**p)** 大きい ōkii・**q)** 本当だ hontō da・r) 好きだ suki da・**s)** 早い hayai・**t)** だ da

Übung 2 **a)** 使います tsukaimasu・**b)** 帰ります kaerimasu・**c)** 分かります wakarimasu・**d)** 聞きます kikimasu・**e)** 出します dashimasu・**f)** 待ちます machimasu・**g)** 運びます hakobimasu・**h)** 飲みます nomimasu・**i)** 食べます tabemasu・**j)** います imasu,・**k)** 急ぎます isogimasu,・**l)** 起きます okimasu・**m)** 死にます shinimasu・**n)** します shimasu・**o)** 来ます kimasu・**p)** 痛いです itai desu・**q)** 面白いです omoshiroi desu・**r)** 変です hen desu・**s)** 普通です futsū desu・**t)** です desu

Übung 3 **1** e)・**2** d)・**3** a)・**4** c)・**5** a)・**6** b)

Übung 4 **1.** b)・**2.** a)・**3.** a)・**4.** b)・**5.** b)

Übung 5 **a)** ↓・**b)** ↑・**c)** ↔・**d)** ↑・**e)** ↔・**f)** ↓

Übung 6 **a)** あした参ります。Ashita mairimasu.・**b)** 山田さんにお土産をいただきました。Yamada-san ni o-miyage o itadakimashita.・**c)** ご案内いたしましょうか。Go-annai itashimashō ka.・**d)** かしこまりました。Kashikomarimashita.・**e)** お名前を伺いってもよろしいですか。O-namae o ukagatte mo yoroshii desu ka.・**f)** 先月参りました。Sengetsu mairimashita.・**g)** 先生にはもうお話ししました。Sensei niwa mō o-hanashi shimashita.

Übung 7 **a)** あしたいらっしゃいますか。Ashita irasshaimasu ka.・**b)** こちらの写真をもうご覧になりましたか。Kochira no shashin o mō go-ran ni narimashita ka.・**c)** おかけください。O-kake kudasai. ・ **d)** こちらの本をもうお読みになりましたか。Kochira no hon o mō o-yomi ni narimashita ka. ・ **e)** いかがなさいましたか。Ikaga nasaimashita ka. *Oder* いかがされましたか。Ikaga saremashita ka. *Statt* いかが ikaga *ist auch* どう dō *möglich*.

Übung 8 **a)** *Der Schüler verwendet dem Lehrer gegenüber die weniger höfliche Form. Richtig*: おはようございます ohayō gozaimasu ・ **b)** 伺う ukagau *ist bescheiden. Richtig*: お尋ねください o-tazune kudasai ・ **c)** *Das ist doppeltes Keigo*, o …naru + Passiv, *also eine Form zu viel. Richtig*: お帰りになりました o-kaeri ni narimashita ・ **d)** お読みします o-yomi shimasu *ist bescheidene Sprache*. Richtig: お読みになりました o-yomi ni narimashita ・ **e)** なさいます nasaimasu *ist respektvolle Sprache, die man nicht für sich selbst verwendet. Richtig* いたします itashimasu

Übung 9 **1.** お席までご案内します. O-seki made go-annai shimasu. (*noch höflicher*: いたします itashimasu) ・ **2.** もうお決まりですか。Mō o-kimari desu ka. *oder* もうお決まりになりましたか。Mō o kimari ni narimashita ka. ・ **3.** 佐藤さんはご存じですか。Satō-san wa go-zonji desu ka. ・ **4.** 後(のち)ほどまたお電話します。Nochi hodo mata o-denwa shimasu (*noch höflicher*: いたします itashimasu) ・ **5.** 本日はお越しくださいまして、ありがとうございます。Honjitsu wa o-koshi kudasaimashite, arigatō gozaimasu.

Lösungen Kapitel 2 Die Struktur des einfachen Satzes

Übung 1 **1.** これは何ですか。Kore wa nan desu ka. ・ **2.** 私はドイツ人です。Watashi wa Doitsu-jin desu. ・ **3.** お名前は何ですか。O-namae wa nan desu ka. ・ **4.** マヤーさんはミュンヘン大学の学生です。Mayā-san wa Myunhen daigaku no gakusei desu. ・ **5.** スイスのチョコレートはおいしいです。Suisu no chokorēto wa oishii desu. ・ **6.** 東京タワーはとても高いです。Tokyō Tawā wa totemo takai desu. ・ **7.** 日本人はよく魚を食べます。Nihon-jin wa yoku sakana o tabemas$_u$. · **8.** マイヤーさんは日本語を勉強しています。 Maiyā-san wa Nihon-go o benkyō sh$_i$te imas$_u$. · **9.** あした日本語の授業がありますか。Ash$_i$ta Nihon-go no jugyō ga arimas$_u$ ka. · **10.** お兄さんはどこへ行きましたか。 O-nīsan wa doko e ikimash$_i$ta ka.

Übung 2 **1.** その本は面白いですか。Sono hon wa omoshiroi des$_u$ ka. · **2.** ベルリンはドイツの首都ですか。Berurin wa Doitsu no shuto des$_u$ ka. · **3.** 林さんはドイツ語を話しますか。Hayashi-san wa Doitsu-go o hanashimas$_u$ ka. · **4.** あした東京に行きますか。 Ash$_i$ta Tōkyō ni ikimas$_u$ ka.

Übung 3 **1.** その人はだれですか。Sono h$_i$to wa dare des$_u$ ka. · **2.** きのう何を食べましたか。Kinō nani o tabemash$_i$ta ka. · **3.** きょうだれに会いますか。Kyō dare ni aimas$_u$ ka. · **4.** それはだれのスマホですか。Sore wa dare no sumaho des$_u$ ka. · **5.** あしたどこに行きます。Ash$_i$ta doko ni ikimas$_u$ ka. · **6.** いつ試験がありますか。Itsu sh$_i$ken ga arimas$_u$ ka. · **7.** 何曜日に試験がありますか。 Nanyōbi ni sh$_i$ken ga arimas$_u$ ka. · **8.** そのかばんはいくらですか。 Sono kaban wa ikura des$_u$ ka.

Übung 4 **1.** 21 歳です。Nijūissai des$_u$. · **2.** デパートで働いています。Depāto de hataraite imas$_u$. · **3.** 四月からデパートで働いています。Shigatsu kara depāto de hataraite imas$_u$. · **4.** あした東京へ行きます。Ash$_i$ta Tōkyō e ikimas$_u$. · **5.** 新幹線で行きます。 Shinkansen de ikimas$_u$. · **6.** （切符は）一万円です。(Kippu wa) ichiman-en des$_u$.

Übung 5 **1.** 学生じゃないです gak$_u$sei ja nai des$_u$ **2.** 好きです s$_u$ki des$_u$ **3.** 食べませんでした tabemasen desh$_i$ta **4.** あります arimas$_u$

Lösungen Kapitel 3 Substantive

Übung 1 **1.** a) · **2.** a) · **3.** a) · **4.** a) · **5.** b) · **6.** b) · **7.** a) · **8.** b)

Übung 2 **1.** meine Tasche ・ **2.** dein Zimmer ・ **3.** wessen Buch ・ **4.** welcher Laden (wo?) ・ **5.** was für ein Geräusch ・ **6.** welcher Zug (=der Zug um wie viel Uhr?) ・ **7.** Freunde aus der Studienzeit ・ **8.** die Mail an mich ・ **9.** die Hausaufgaben auf morgen ・ **10.** die Beziehung zu China ・ **11.** das Single-Leben in Tokyo

Übung 3 **1.** 佐藤さんの娘さんの車 Satō-san no musume-san no kuruma ・ **2.** 主人の会社のホームページ shujin no kaisha no hōmupēji ・ **3.** ドイツの歴史の本 Doitsu no rek$_i$shi no hon ・ **4.** 日本の大学の先生 Nihon no daigaku no sensei・ **5.** 日本の新聞の名前 Nihon no shinbun no namae・ **6.** 私の先生の日本語 watashi no sensei no Nihon-go・ **7.** 私の日本語の先生 watashi no Nihon-go no sensei・ **8.** 誰の電話番号 dare no denwa bangō ・ **9.** スイスのチョコレート Suisu no chokorēto

Übung 4 **1.** 着物を着ている Kimono o kite iru Wer ist die Person, die einen Kimono trägt? ・ **2.** 娘が描いた musume ga kaita Das ist ein Bild, das meine Tochter gemalt hat. ・ **3.** お父さんが乗っている o-tōsan ga notte iru Sats$_u$ki und Mei warteten auf den Bus, mit dem der Vater kommt (fährt). ・ **4.** 皆が知っている Minna ga shitte iru Lasst uns ein Lied singen, das alle kennen. ・ **5.** ドイツに住んでいる Doitsu ni sunde iru Diese Uhr bekam ich von einem Freund, der in Deutschland wohnt. ・ **6.** 10万円も入っている jūman en mo haitte iru Herr/Frau Suzuki hat gestern vor der Bibliothek einen Geldbeutel gefunden, in dem sage und schreibe 100.000 Yen drin waren. ・ **7.** 間もなく来る Ma mo naku kuru Der Zug, der gleich hier einfährt, fährt weiter nach Osaka. ・ **8.** 母の作ってくれる haha no ts$_u$kutte kureru. Ich liebe die Pfannkuchen, die meine Mutter macht. ・ **9.** 錆びた sabita ist ein Relativsatz zu チェーン chēn, 油の足りない abura no tarinai ist ein Relativsatz zu ペダル pedaru und 錆びたチェーンをあぶらの足りないペダルが回す Sabita chēn o abura no tarinai pedaru ga mawasu ist ein Relativsatz zu 音 oto. Man hört (das Geräusch), wie ungeölte Pedale eine rostige Kette antreiben.

Übung 5 **1.** これは大阪へ行く電車です。Kore wa Ōsaka e iku densha desu. • **2.** これは東京で撮った写真です。Kore wa Tōkyō de totta shashin desu. • **3.** これはきのう自分で作ったパンです。Kore wa kinō jibun de tsukutta pan desu. • **4.** これは友達からもらったお土産です。Kore wa tomodachi kara moratta o-miyage desu. • **5.** これは父が買ってくれたスマホです。 Kore wa chichi ga katte kureta sumaho desu. • **6.** これはこの間友達と行った猫カフェです。Kore wa kono aida tomodachi to itta nekokafe desu. • **7.** これは〇〇会社で働いている兄です。Kore wa Marumaru gaisha de hataraite iru ani desu. • **8.** この人は中国語が話せる友達です。Kono hito wa chūgoku ga hanaseru tomodachi desu.

Übung 6 **1.** (私は) 日本に住んでいる友達（ともだち）がいます。 • **2.** きのう買ったチョコレートはどこですか。• **3.** 日本で撮（と）った写真を見せてください。 • **4.** 父は私が作った料理を食べませんでした。 • **5.** 子供と遊ぶ時間が欲（ほ）しい (です) 。• **6.** プールが/のあるホテルに泊まります。 • **7.** 母が注文した食事はとても高かったです。 • **8.** お箸（はし）を売っている店を探（さが）しています。

1. (Watashi wa) Nihon ni sunde iru tomodachi ga imasu. • **2.** Kinō katta chokorēto wa doko desu ka. • **3.** Nihon de totta shashin o misete kudasai. • **4.** Chichi wa watashi ga tsukutta ryōri o tabemasen deshita. • **5.** Kodomo to asobu jikan ga hoshii (desu). • **6.** Pūru ga/no aru hoteru ni tomarimasu. • **7.** Haha ga chūmon shita shokuji wa totemo takakatta desu. • **8.** O-hashi o utte iru mise o sagashite imasu.

Übung 7 1. を o・2. の no *und* を o; *alternativ* を o *und* —・3. を o *oder* —・4. を o・5. を o *oder* —・6. を o *oder* —・7. を o・8. —

Übung 8 1. の、に no, ni・2. の、に no, ni・3. の、に no, ni・4. の、に no, ni・5. の、に no, ni

Übung 9 1. 図書館の前にバス停があります。 Toshokan no mae ni bas$_u$-tei ga arimas$_u$.・2. 図書館はスーパーの右にあります。Toshokan wa sūpā no migi ni arimas$_u$.・3. ホテルの中にレストランがあります。Hoteru no naka ni res$_u$toran ga arimas$_u$.・4. バッグを机の上に置いてください。Baggu o ts$_u$kue no ue ni oite kudasai.・5. ソファの下に猫がいます。Sofa no sh$_i$ta ni neko ga imas$_u$.・6. 名古屋は東京と京都の間にあります。Nagoya wa Tōkyō to Kyōto no aida ni arimas$_u$.・7. 私の財布はバッグの中にありました。*oder* 財布は私のバッグの中にありました。 Watashi no saifu wa baggu no naka ni arimash$_i$ta. *oder* Saifu wa watashi no baggu no naka ni arimash$_i$ta.・8. 私の隣に誰も座りません。Watashi no tonari ni dare mo suwarimasen.

Übung 10 1. 机の上に/で ts$_u$kue no ue ni/de・2. 椅子の下に/で Isu no sh$_i$ta ni/de・3. コンピューターの後ろに/で konpyūtā no ushiro ni/de・4. スーパーの前に/で sūpā no mae ni/de・5. 私の隣に/で watashi no tonari ni/de (*statt* 隣 tonari *ist auch* そば soba *oder* 横 yoko *möglich*)・6. 本棚の横に/で *oder* 本棚の隣に/で hondana no yoko ni/de *oder* hondana no tonari ni/de・7. 本棚の間に/で Hondana no aida ni/de・8. 窓とドアの間に/で mado to doa no aida ni/de

Übung 11 1. と to・2. や ya・3. te-Form・4. と to・5. と to・6. で de (te-Form von です)

Übung 12 1. 酒と寿司をください。・2. ビールと酒を飲みます。・3. ビールを飲んで、パンを食べます。・4. 佐藤さんと鈴木（すずき）

さんを見ました。・**5.** 東京と大阪は大きい町です。・**6.** 寿司や刺身や天ぷらなどを 作ります。・**7.** 私は東京や大阪や京都や広島などに行きます。・**8.** 明子さんは部屋に入って、椅子に座りました。・**9.** 東京は大きくて、にぎやかです。・**10.** 飲み物は、コーヒーか紅茶があります。

1. Sake to sushi o kudasai. **2.** Bīru to sake o nomimas$_u$. **3.** Bīru o nonde pan o tabemas$_u$. **4.** Sato-san to Suzuki-san o mimash$_i$ta. **5.** Tōkyō to Ōsaka wa ōkii machi des$_u$. **6.** Sushi ya sashimi ya tenpura nado o ts$_u$kurimas$_u$. **7.** Watashi wa Tōkyō ya Ōsaka ya Kyōto ya Hiroshima nado ni ikimas$_u$. **8.** Akiko-san wa heya ni haitte, isu ni suwarimash$_i$ta. **9.** Tōkyō wa ōkik$_u$te, nigiyaka des$_u$. **10.** Nomimono wa kōhī ka kōcha ga arimas$_u$.

Übung 13 **1.** こと koto・**2.** の no・**3.** の no・**4.** こと koto・**5.** こと koto・**6.** こと koto

Übung 14 **1.** 薬を飲んだほうがいいです。K$_u$suri o nonda hō ga ii des$_u$. ・**2.** 音楽を聞かないほうがいいです。 Ongaku o kikanai hō ga ii des$_u$. ・**3.** 病院に行ったほうがいいです。Byōin ni itta hō ga ii des$_u$. ・**4.** 厚いセーターを着たほうがいいです。 Atsui sētā o kita hō ga ii des$_u$. ・**5.** お菓子を食べないほうがいいです。O-kashi o tabenai hō ga ii des$_u$.

Übung 15 **1.** a ・**2.** b ・**3.** a

Lösungen Kapitel 4 Pronomina und Demonstrativa

Übung 1 *In allen Sätzen außer 10. kann* 私 watashi *(+ Partikel) wegfallen.*

Übung 2 **1.** お名前は（何ですか）。O-namae wa (nan des$_u$ ka). ・**2.** お国は（どこですか *oder* どちらですか）。O-kuni wa (doko des$_u$ ka *oder* dochira des$_u$ ka). ・**3.** 天ぷらが好きですか。Tenpura ga s$_u$ki des$_u$ ka. ・**4.** 加藤さんはきのう何をしましたか。Katō-san wa kinō nani o shimash$_{i}$ta ka. · **5.** お待たせしました。O-matase shimash$_{i}$ta. · **6.** 作ってくれたケーキはおいしかった。Ts$_{u}$kutte kureta kēki wa oish$_{i}$katta. **7.** （先生は）きょう何時までいらっしゃいますか。(Sensei wa) kyō nanji made irasshaimas$_{u}$ ka.

Übung 3 **1.** だれ dare · **2.** 何 nan · **3.** 何 nani · **4.** いつ itsu *oder* 何時に nanji ni · **5.** いくら ikura · **6.** どうして dōsh$_{i}$te *oder* なぜ naze · **7.** どこ doko · **8.** 何 nani · **9.** だれ dare · **10.** だれ dare · **11.** どれ dore · **12.** どんな donna

Übung 4 **1.** でも demo · **2.** も mo · **3.** か ka · **4.** か、も ka, mo · **5.** でも demo · **6.** か ka · **7.** も mo · **8.** でも demo · **9.** でも demo

Übung 5 **1.** これは道子さんの傘です。私のじゃありません。Kore wa Michiko-san no kasa des$_{u}$. Watashi no ja arimasen. · **2.** このかばんはだれのですか。 Kono kaban wa dare no des$_{u}$ ka. · **3.** 花は好きなのを取ってください。Hana wa s$_{u}$ki na no o totte kudasai. · **4.** ビールは日本のがおいしいです。Bīru wa Nihon no ga oishii des$_{u}$. · **5.** 私は新しいTシャツが欲しいです。赤いのと黒いのが欲しいです。Watashi wa atarashii T-shatsu ga hoshii des$_{u}$. Akai no to kuroi no ga hoshii des$_{u}$. · **6.** どんなスカートがいいですか。長いのと短いのがありますが。 Donna s$_{u}$kāto ga ii des$_{u}$ ka. Nagai no to mijikai no ga arimas$_{u}$. · **7.** 魚をたくさん捕りました。大きいのと小さいのを捕りました。Sakana o tak$_{u}$san torimash$_{i}$ta. Ōkii no to chiisai no o torimash$_{i}$ta.

Übung 6 **1.** a · **2.** a · **3.** a · **4.** b

Übung 7 **1.** それ sore · **2.** その sono · **3.** その sono · **4.** そんな sonna · **5.** その sono

Lösungen Kapitel 5 Zahlen- und Mengenangaben

Übung 1 **1** g), h), m), s), u), v) ・ **2** a), c), d), o), p), z); ・ **3** b), f), l), n), q), r), t) ・ **4** e), j), x) ・ **5** i), k), w), y)

Übung 2 **a)** 2 枚 nimai ・ **b)** 一本 ippon ・ **c)** 3 枚 sanmai ・ **d)** 2 台 nidai ・ **e)** 5 匹 gohiki ・ **f)** 一人 hitori、二人 futari、四人 yonin ・ **g)** 10 冊 jussatsu *oder* jissatsu ・ **h)** 3 台 sandai ・ **j)** 1 個 ikko、2 個 niko ・ **k)** 一つ hitotsu

Übung 3 **a)** りんごを２個ください。Ringo o niko kudasai. ・ **b)** ビールを１本と焼きそばを二つください。Bīru o ippon to yakisoba o futatsu kudasai. ・ **c)** 一日二個のりんごを食べました。 Ichinichi niko no ringo o tabemashita. ・ **d)** 東京大学には学生が２万３千人ぐらいいます。 Tōkyō daigaku niwa gakusei ga niman sanzennin gurai imasu. ・ **e)** うちに子供部屋が二つあります。Uchi ni kodomobeya ga futatsu arimasu. ・ **f)** ３人の女性にインタビューをしました。Sannin no josei ni intabyū o shimashita. ・ **g)** 東京から御殿場まで5枚の切符が必要です。Tōkyō kara Gotenba made gomai no kippu ga hitsuyō desu.

Übung 4 **1.** a) ・ **2.** b) ・ **3.** a) ・ **4.** a) *oder* b) ・ **5.** b) ・ **6.** a)

Übung 5 **a)** ごろ goro ・ **b)** ぐらい gurai ・ **c)** ごろ goro ・ **d)** ぐらい gurai ・ **e)** ごろ goro ・ **f)** ごろ goro

Übung 6 **1.** 学生が何人いますか。Gakusei ga nannin imasu ka. ・ **2.** みかんは3個でいくらですか。Mikan wa sanko de ikura desu ka. ・**3.** （私は）はがきを 20 枚書きました。(Watashi wa) hagaki o nijūmai kakimashita. ・ **4.** ビールを 3 本ください。Bīru o sanbon kudasai. ・ **5.** デザートを二つ食べました。 Dezāto o futatsu tabemashita. ・ **6.** 友達が８人ぐらい来ます。Tomodachi ga hachinin gurai kimasu. ・ **7.** ９時ごろです。Kuji goro desu. ・ **8.** カウンターに若い男が一人いました。Kauntā ni wakai otoko ga hitori imashita. ・

9. （私は）兄が一人と妹が二人います。 (Watashi wa) ani ga hitori to imōto ga futari imasu.

Lösungen Kapitel 6 Partikeln

Übung 1 **1.** 明子さんはお寿司を食べます。Akiko-san wa o-sushi o tabemasu. ・ **2.** お母さんはケーキを作ります。O-kāsan wa kēki o tsukurimasu. ・ **3.** フランス人はビールをあまり飲みません。Furansu-jin wa bīru o amari nomimasen. ・ **4.** 若い人は本を読みません。Wakai hito wa hon o yomimasen. ・ **5.** 私は日本語を勉強しました。Watashi wa Nihon-go o benkyō shimashita.

Übung 2 **1.** を o *oder* — ・ **2.** を o ・ **3.** が ga ・ **4.** を o *oder* が ga ・ **5.** が ga ・ **6.** — ・ **7.** を o ・ **8.** が ga ・ **9.** が ga ・ **10.** が ga ・ **11.** を、を o, o

Übung 3 1 E ・ 2 A ・ 3 C ・ 4 B ・ 5 F ・ 6 D ・ 7 B

Übung 4 **1.** お父さんはうちに帰ります。O-tōsan wa uchi ni kaerimasu. **2.** 明子さんは 9 時に起きます。Akiko-san wa 9ji ni okimasu. ・ **3.** 明子さんは学校にいます。Akiko-san wa gakkō ni imasu. ・ **4.** 電車は東京に着きました。Densha wa Tōkyō ni tsukimashita. ・ **5.** 妹はお母さんにプレゼントをあげます。Imōto wa o-kāsan ni purezento o agemasu.

Übung 5 **1.** に、を ni, o ・ **2.** を、に o, ni ・ **3.** に、を ni, o ・ **4.** に ni ・ **5.** に ni ・ **6.** を o ・ **7.** を、に o, ni

Übung 6 **1.** に ni ・ **2.** —, — ・ **3.** に ni ・ **4.** に ni ・ **5.** — ・ **6.** に ni ・ **7.** — ・ **8.** に ni ・ **9.** — ・ **10.** — ・ **11.** に ni

Übung 7 1 C ・ 2 A ・ 3 B ・ 4 B ・ 5 A, B ・ 6 E ・ 7 D ・ 8 B ・ 9 D ・ 10 E

Übung 8 **1.** から kara ・ **2.** で de ・ **3.** で de ・ **4.** で de ・ **5.** に、で ni, de ・ **6.** で de ・ **7.** で de

Übung 9 **1.** で de ・ **2.** に ni *oder* へ e ・ **3.** に ni ・ **4.** へ e ・ **5.** に ni ・ **6.** で、に de, ni ・ **7.** で de ・ **8.** で de (に ni *ist auch möglich, aber seltener*) ・ **9.** に ni *oder* へ e ・ **10.** に ni ・ **11.** に ni

Übung 10 **1.** に ni ・ **2.** に ni ・ **3.** に ni ・ **4.** で de ・ **5.** に ni ・ **6.** で de ・ **7.** で de

Übung 11 **1.** に ni ・ **2.** に ni ・ **3.** で de ・ **4.** に ni ・ **5.** に ni ・ **6.** で de ・ **7.** を o ・ **8.** を、を、に o, o, ni ・ **9.** —, を, — — o —, ・ **10.** を o

Übung 12 **1.** に ni ・ **2.** を, に o, ni ・ **3.** を o ・ **4.** に ni ・ **5.** に ni *oder* と to ・ **6.** に ni ・ **7.** に ni ・ **8.** を o ・ **9.** に ni ・ **10.** に ni ・ **11.** に ni

Übung 13 **1.** の no ・ **2.** の、と no, to ・ **3.** や ya ・ **4.** と to ・ **5.** と to ・ **6.** の no ・ **7.** と、と to, to

Übung 14 **1.** は wa (*da aus dem Kontext bekannt*) ・ **2.** が ga (*da Wetterausdruck*) ・ **3.** は wa (*da aus der Situation bekannt*) ・ **4.** が ga (*da Fragewort*) ・ **5.** が ga (*da unbekannte Person, Ersterwähnung*) ・ **6.** は wa (*da eigentlich* を o *stehen müsste,* は wa *zur Betonung der Verneinung*) ・ **7.** が ga (*vom Verb gefordert*) ・ **8.** が ga (*da Relativsatz*) ・ **9.** は、が wa, ga (*wegen* 好き $s_u$ki) **10.** は、が wa, ga

Übung 15 **1.** が ga ・ **2.** は、は wa, wa ・ **3.** は wa ・ **4.** が ga ・ **5.** は wa ・ **6.** は wa ・ **7.** が、が ga, ga

Übung 16 **1.** も mo ・ **2.** かに、にも ka ni, ni mo ・ **3.** か ka ・ **4.** にも ni mo ・ **5.** か ka ・ **6.** も mo ・ **7.** でも demo ・ **8.** も mo ・ **9.** でも demo

Übung 17 **1.** b) ・ **2.** b) *und* c) ・ **3.** a) ・ **4.** a) *und* c) ・ **5.** a) *und* b) ・ **6.** b) ・ 7 a)

Übung 18 **1.** も mo ・ **2.** にも nimo ・ **3.** にも nimo ・ **4.** も mo

Übung 19 **1.** A: 私は天ぷらが好きです。Watashi wa tenpura ga suki desu. B: 私も天ぷらが好きです。Watashi mo tenpura ga suki desu. **2.** A: 私は日本語を話します。Watashi wa Nihon-go o hanashimasu. B: （私は）韓国語も話します。(Watashi wa) Kankoku-go mo hanashimasu. **3.** 妹は明子さんにも電話しました。 Imōto wa Akiko-san nimo denwa shimashita. **4.** 妹も明子さんに電話しました。Imōto mo Akiko-san ni denwa o shimashita. **5.** お父さん（父）からもプレゼントをもらいました。O-tōsan (chichi) kara mo purezento o moraimashita.

Übung 20 **1.** だけ dake ・ **2.** しか shika ・ **3.** ばかり bakari ・ **4.** だけ dake ・ **5.** しか shika

Übung 21 **1.** を o ・ **2.** に ni ・ **3.** を o ・ **4.** を o ・ **5.** は、が wa, ga ・ **6.** で de ・ **7.** は、に、が wa, ni, ga ・ **8.** に ni ・ **9.** に ni ・ **10.** に ni

Übung 22 **1.** a) ・ **2.** b) ・ **3.** b) ・ **4.** b) ・ **5.** a) ・ **6.** b) ・ **7.** a)

Übung 23 **1.** b) ・ **2.** b) ・ **3.** d) ・ **4.** b) ・ **5.** c) ・ **6.** d)

Lösungen Kapitel 7 Kopula

Übung 1 **1.** ドイツ人です Doitsu-jin desu ・ **2.** 日本人じゃないです Nihon-jin ja nai desu *oder* 日本人じゃありません Nihon-jin ja arimasen ・ **3.** 赤ちゃんでした akachan deshita ・ **4.** 和室じゃありませんでした washitsu ja arimasen deshita *oder* 和室じゃなかったです washitsu ja nakatta desu ・ **5.** 木村です Kimura desu ・ **6.** 木村じゃないです Kimura ja nai desu *oder* 木村じゃありません Kimura ja arimasen ・ **7.** 私立じゃありませんでした shiritsu ja arimasen deshita *oder* 私立じゃなかったです shiritsu ja nakatta desu

Übung 2 **1.** …首都だった … shuto datta・**2.** …だ …da *oder* …である …de aru ・ **3.** …ではなかった …dewa nakatta ・ **4.** …だった … datta ・ **5.** …だ … da *oder* …である … de aru ・**6.** …ではない … dewa nai.

Übung 3 **1.** 森さんは日本人で、ドイツに住んでいます。Mori-san wa Nihon-jin de, Doitsu ni sunde imasu. ・ **2.** 森さんは先生で、東京大学で日本語を教えています。Mori-san wa sensei de, Tōkyō daigaku de Nihon-go o oshiete imasu ・ **3.** 兄は 26 歳で、結婚しています。Ani wa nijūrokusai de, kekkon shite imasu. ・ **4.** ゲーテはドイツの作家で、1749 年に生まれました。Gēte wa Doitsu no sakka de, 1749-nen ni umaremashita. ・**5.** 森さんはドイツ人じゃなくて、日本人です。Mori-san wa Doitsu-jin ja nakute, Nihon-jin desu. ・**6.** 私はいい学生じゃなくて、数学の成績がすごく悪かったです。Watashi wa ii gakusei ja nakute, sūgaku no seiseki ga sugoku warukatta desu.

Übung 4 2., 4.

Lösungen Kapitel 8 Verbbedeutungen

Übung 1 **1.** あります arimasu ・ **2.** います imasu ・ **3.** 持っています motte imasu ・ **4.** あります arimasu・ **5.** あります arimasu ・ **6.** います imasu

Übung 2 **1.** 看護師 kangoshi ・ **2.** 音 oto ・ **3.** 勉強 benkyō ・ **4.** 天ぷら tenpura

Übung 3 **1.** b ・ **2.** a ・ **3.** a ・ **4.** b ・ **5.** a ・ **6.** a

Übung 4 **1.** います imasu ・ **2.** です desu ・ **3.** いません imasen ・ **4.** ありません arimasen ・ ありました arimashita

Übung 5 **1.** くれました kuremashita ・ もらいました moraimashita ・ **2.** 差し上げた sashiageta ・ **3.** あげます agemasu *oder* やります yarimasu・ **4.** くれて kurete ・ **5.** もらいました

moraimashita ・ **6.** くれました kuremashita ・ **7.** もらいました moraimashita ・ **8.** あげよう ageyō

Übung 6 **1.** 来てくれて、ありがとうございます。Kite kurete, arigatō gozaimasu. ・ **2.** 鍵を持っていますか。Kagi o motte imasu ka. ・ **3.** すぐ行きます。Sugu ikimasu. ・ **4.** 兄弟がいますか。Kyōdai ga imasu ka. ・ **5.** 変な匂いがします。Hen na nioi ga shimasu. ・ **6.** ビールにします。Bīru ni shimasu. ・ **7.** ちょっと行ってきます。Chotto itte kimasu. ・ **8.** この近くに郵便局がありますか。Kono chikaku ni yūbinkyoku ga arimasu ka. ・ **9.** 銀行はどこですか。Ginkō wa doko desu ka. ・ **10.** お願いがあります。 O-negai ga arimasu. ・ **11.** 週末にここでよくコンサートがあります。Shūmatsu ni koko de yoku konsāto ga arimasu. ・ **12.** 高校時代からの友達が／は美容師をしています。 Kōkō jidai kara no tomodachi ga/wa biyōshi o shite imasu.

Lösungen Kapitel 9 Verbflexion

Übung 1 **a)** 会います aimasu ・ **b)** 書きます kakimasu ・ **c)** 帰ります kaerimasu ・ **d)** 来ます kimasu ・ **e)** します shimasu ・ **f)** 待ちます machimasu ・ **g)** 話します hanashimasu ・ **h)** 食べます tabemasu ・ **i)** 泳ぎます oyogimasu ・ **j)** 読みます yomimasu

Übung 2 **a)** 遊ぶ asobu ・ **b)** 飲む nomu ・ **c)** 買う kau ・ **d)** 起きる okiru ・ **e)** 寝る neru ・ **f)** 死ぬ shinu ・ **g)** 来る kuru ・ **h)** する suru

Übung 3 **2.** 分かりません wakarimasen ・ **3.** ありません arimasen ・ **4.** 読みません yomimasen ・ **5.** 使いません tsukaimasen ・ **6.** 書きません kakimasen ・ **7.** 見ません mimasen

Übung 4 **1.** c) ・ **2.** d) ・ **3.** b) ・ **4.** a) *und* e)

Übung 5 **2.** 昼ご飯を食べませんか Hirugohan o tabemasen ka ・ **3.** 散歩しませんか Sanpo shimasen ka ・ **4.** 飲みに行きませ

んか Nomi ni ikimasen ka ・ **5.** 今度の日曜日に会いませんか Kondo no nichiyōbi ni aimasen ka ・ **6.** 緒に歌を歌いませんか Issho ni uta o utaimasen ka ・ **7.** 遊びに来ませんか Asobi ni kimasen ka.

Übung 6 **1.** お茶を飲みましょうか。O-cha o nomimashō ka. **2.** 昼ご飯を食べましょうか。 Hirugohan o tabemashō ka. ・ **3.** 散歩しましょうか。Sanpo shimashō ka. ・ **4.** 飲みに行きましょうか。Nomi ni ikimashō ka. ・ **5.** 今度の日曜日に会いましょうか。 Kondo no nichiyōbi ni aimashō ka. ・ **6.** 一緒に歌を歌いましょうか。 Issho ni uta o utaimashō ka.

Übung 7 **1.** …いました。 …imashita. ・ **2.** …行きました。…ikimashita. ・ **3.** … 持っていきました。 …motte ikimashita. ・ **4.** …住んでいました。 …sunde imashita. ・ **5.** …入りました。…hairimashita. ・ **6.** …会いました。 …aimashita. ・ **7.** …帰りました。 …kaerimashita. ・ **8.** …食べました。 …tabemashita. ・ **9.** …行きませんでした。…ikimasen deshita. ・ **10.** …言いませんでした。…iimasen deshita.

Übung 8 **a)** 言います iimasu ・ **b)** 言いました iimashita ・ **c)** 言いませんでした iimasen deshita ・ **d)** 困りません komarimasen ・ **e)** 困りました komarimashita ・ **f)** 困りませんでした komarimasen deshita; ・ **g)** 出ます demasu ・ **h)** 出ません demasen ・ **i)** 出ませんでした demasen deshita ・ **j)** 取ります torimasu ・ **k)** 取りません torimasen ・ **l)** 取りました torimashita

Übung 9 **a)** か a ・ **b)** ら a ・ **c)** わ wa ・ **d)** ま a ・ **e)** ば a ・ **f)** な a ・ **g)** が a ・ **h)** た a

Übung 10 **1.** 食べない tabenai ・ **2.** 分からない wakaranai ・ **3.** しない shinai ・ **4.** ない nai ・ **5.** 来ない konai ・ **6.** 話さない hanasanai ・ **7.** 会わない awanai ・ **8.** 寝ない nenai ・ **9.** いない inai ・ **10.** 飲まない nomanai

Übung 11 1. あした時間がない ashita jikan ga nai ・ 2. 映画館に行かない eigakan ni ikanai・3. テレビも見ない terebi mo minai・4. 母に電話しない haha ni denwa shinai ・ 5. 友達にも会わない tomodachi ni mo awanai ・ 6. 料理も作らない ryōri mo tsukuranai

Übung 12 1. d) ・ 2. b) ・ 3. g) ・ 4. a) ・ 5. c) ・ 6. h) ・ 7. e) ・ 8. f) ・ 9. j)

Übung 13 1. 行かなかった ikanakatta ・ 2. 見なかった minakatta ・ 3. 使わなかった tsukawanakatta ・ 4. 入らなかった hairanakatta・5. なかった nakatta・6. 泳がなかった oyoganakatta・7. 遊ばなかった asobanakatta・8. 売らなかった uranakatta・9. 待たなかった matanakatta ・10. 消さなかった kesanakatta 11. 知らなかった shiranakatta

Übung 14 1. 9時に東京に着いた Kuji ni Tōkyō ni tsuita・2. お腹が空いていた o-naka ga suite ita ・ 3. 近くのレストランに入った chikaku no resutoran ni haitta ・ 4. 天ぷらを注文した tenpura o chūmon shita ・ 5. ビールを注文しなかった bīru o chūmon shinakatta ・ 6. 歩いて帰った aruite kaetta ・ 7. タクシーに乗らなかった takushī ni noranakatta

Übung 15 1. 行き iki: *i-Stufe von* 行く iku; まし mashi: *Suffix der Höflichkeit in der i-Stufe*; た ta: *Suffix der Vergangenheit* ・ 2. 食べ tabe: *Stamm*; ません masen: *verneinte Höflichkeit*; でした deshita: *Vergangenheit* ・ 3. 会わ awa: *a-Stufe von* 会う au; な na: *Suffix der Verneinung* (ない nai) *ohne Flexionsendung* い i; かった katta: *Suffix der Vergangenheit für i-Adjektive* ・ 4. 考え kangae: *Stamm*; た ta: *Suffix der Vergangenheit*

Übung 16 Andauernde Handlung: a), b), f), h), i), j), k) Die Verben in c), d), e) und g) drücken eine Zustandsveränderung aus, die te-iru Form zeigt an, dass der Nachzustand nach der Veränderung noch anhält.

Übung 17 **1.** しています shite imasu ・ **2.** します shimasu ・ **3.** しています shite imasu ・ **4.** 練習しています renshū shite imasu ・ **5.** 話しています hanashite imasu ・ **6.** 会います aimasu ・**7.** 見ます mimasu.

Übung 18 **1.** a ・ **2.** b ・ **3.** b ・ **4.** b, a ・ **5.** a ・**6.** b ・ **7.** a *oder* b・ **8.** a・ **9.** b

Übung 19 **1.** 食べた tabeta ・ **2.** 喧嘩する kenka suru ・ **3.** サボった sabotta

Lösungen Kapitel 10 Die te-Form

Übung 1 **1.** b) ・ **2.** c) ・ **3.** a) ・ **4.** b) ・ **5.** d) ・ **6.** a) ・ **7.** b) ・ **8.** a)

Übung 2 *Theoretisch könnte die te-Form auf ein mit * gekennzeichnetes Verb zurückgehen, ein solches Verb existiert im Japanischen jedoch nicht.* **a)** きる kiru, * きつ kitsu, *きう kiu ・ **b)** つく tsuku ・ **c)** こむ komu、 *こぶ kobu, *こぬ konu ・ **d)** ねる neru

Übung 3 **a)** 話して hanashite ・ **b)** 食べて tabete ・ **c)** 見て mite ・ **d)** 帰って kaette ・ **e)** 飲んで nonde ・ **f)** 買って katte ・ **g)** 待って matte ・ **h)** 泳いで oyoide ・ **i)** 考えて kangaete ・ **j)** 死んで shinde ・ **k)** 書いて kaite ・ **l)** 遊んで asonde ・ **m)** 行って itte (*Ausnahme*) ・ **n)** 読んで yonde ・ **o)** 急いで isoide ・ **p)** 分かって wakatte ・ **q)** 早くて hayakute ・ **r)** 悪くて warukute ・ **s)** 元気で genki de ・ **t)** 好きで suki de

Übung 4 **1.** 毎朝７時に起きて、シャワーを浴びます。Maiasa shichiji ni okite, shawā o abimasu. ・ **2.** シャワーを浴びて、朝ご飯を食べます。 Shawā o abite, asagohan o tabemasu. ・ **3.** 朝ご飯を食べて、会社に行きます。 Asagohan o tabete, kaisha ni ikimasu. ・ **4.** 夜6時に仕事が終わって、買い物に行きます。Yoru rokuji ni shigoto ga owatte, kaimono ni ikimasu. ・ **5.** 買い物に行って、うちに帰ります。Kaimono ni itte, uchi ni kaerimasu. ・ **6.** うちに帰って、晩ご飯を作って、テレビの前で食べます。Uchi ni kaette, bangohan o tsukutte, terebi no mae de tabemasu. ・ **7.** お風呂に入って、11時に寝ます。O-furo ni haitte, jūichiji ni nemasu.

Übung 5 **1.** a ・ **2.** a ・ **3.** b ・ **4.** a ・ **5.** b ・ **6.** a ・ **7.** b

Übung 6 **1.** みて mite ・ **2.** しまいました shimaimashita ・ **3.** みたい（です）mitai (desu)・**4.** おいて oite・**5.** あります arimasu・**6.** みない minai ・ **7.** おかない、しまいます okanai, shimaimasu

Übung 7 **1.** a) ・ **2.** b) ・ **3.** b) ・ **4.** b) ・ **5.** b) ・ **6.** a) ・ **7.** b)

Übung 8 **1.** 開けて akete ・ **2.** 閉めて shimete ・ **3.** 吸って sutte ・ **4.** 来て kite ・ **5.** いて ite ・ **6.** 行って itte ・ **7.** 読んで yonde

Übung 9 **1.** 待ってください。 Matte kudasai. ・**2.** 心配しないでください。 Shinpai shinaide kudasai. ・ **3.** 待たせてごめんなさい。Matasete gomen nasai. ・ **4.** 入ってもいいですか。 Haitte mo ii desu ka. ・ **5.** 着替えて、歯を磨いて、寝ました。Kigaete, ha o migaite, nemashita. ・**6.** 地図を見ないで歩きました。Chizu o minaide arukimashita. ・**7.** バスが来なくて、歩いてうちへ帰りました。Basu ga konakute, aruite uchi e kaerimashita. ・ **8.** どうして男の人は泣いてはいけないのですか。 Dōshite otoko no hito wa naite wa ikenai no desu ka. ・**9.** 彼は日本人で、私の日本語の先生です。Kare wa Nihon-jin de, watashi no Nihon-go no sensei desu.

Lösungen Kapitel 11 Potentialis, Kausativ und Passiv

Übung 1 **b)** 書ける kakeru 書けます kakemasu ・ **c)** 帰れる kaereru 帰れます kaeremasu・ **d)** 来られる korareru 来られます koraremasu・**e)** できる dekiru できます dekimasu・**f)** 待てる materu 待てます matemasu・**g)** 話せる hanasaeru 話せます hanasemasu・

h) 食べられる taberareru 食べられます taberaremas$_u$ ・ **i)** 泳げる oyogeru 泳げます oyogemas$_u$

Übung 2 **2.** 明子さんは天ぷらが作れます。 Akiko-san wa tenpura ga ts$_u$kuremas$_u$. ・**3.** 太郎くんは車が運転できます。Tarō-kun wa kuruma ga unten dekimas$_u$. ・**4.** トムさんは難しい漢字が書けます。Tomu-san wa muzukashii kanji ga kakemas$_u$. ・**5.** ドイツでこのスマホが使えます。Doits$_u$ de kono sumaho ga ts$_u$kaemas$_u$. ・ **6.** このワインはどこで買えますか。Kono wain wa doko de kaemas$_u$ ka. ・ **7.** 明子さんはピアノが弾けます。Akiko-san wa piano ga hikemas$_u$.

Übung 3 **1.** 行けませんでした ikemasen desh$_i$ta ・ **2.** 取れた toreta ・ **3.** 忘れられません wasureraremasen ・ **4.** 思い出せない omoidasenai ・ **5.** 読めます yomemas$_u$ ・ **6.** 考えられない kangaerarenai ・ **7.** 開けられません akeraremasen

Übung 4 **1.** が ga ・ **2.** が ga ・ **3.** が ga ・ **4.** が ga ・ **5.** を o ・ **6.** に ni ・ **7.** が ga

Übung 5 **1.** a ・ **2.** b ・ **3.** a ・ **4.** b ・ **5.** b ・ **6.** b ・ **7.** a

Übung 6 **1.** (私は)泳げません。(Watashi wa) oyogemasen. ・ **2.** ここから時々アルプスが見えます。Koko kara tokidoki Arup$_u$su ga miemas$_u$. ・ **3.** 帰ってもいいですか。頭が痛いんです。 Kaette mo ii des$_u$ ka. Atama ga itai n des$_u$. ・ **4.** 彼は片仮名が読めません。Kare wa katakana ga yomemasen. ・ **5.** 会えなくて、ごめん。 Aenak$_u$te, gomen. ・ **6.** 説明してくれませんか。 Setsumei sh$_i$te kuremasen ka. ・ **7.** 日本語がお上手ですね。 Nihon-go ga o-jōzu des$_u$ ne. ・ **8.** 私のコンピューターを使ってもいいですよ。Watashi no konpyūtā o ts$_u$katte mo ii des$_u$ yo.

Übung 7 **b)** 書かせる、書かせます kakaseru, kakasemas$_u$ ・ **c)** 帰らせる、帰らせます kaeraseru, kaerasemas$_u$ ・ **d)** 来させる、来させます kosaseru, kosasemas$_u$ ・ **e)** させる、させます saseru, sasemasu・ **f)** 待たせる、待たせます matataseru, matasemasu ・ **g)** 飲ませる、飲ませます nomaseru, nomasemasu・ **h)** 食べさせる、食べさせます tabesaseru, tabesasemasu ・ **i)** 急がせる、急がせます isogaseru, isogasemasu

Übung 8 1. 妻と母を仲良くさせます。Tsuma to haha o naka yoku sasemasu. ・ **2.** 市長は工事を止めさせました。Shichō wa kōji o yamesasemashita. ・ **3.** お母さんは病気の子供におかゆを食べさせます。 O-kāsan wa byōki no kodomo ni o-kayu o tabesasemasu. ・ **4.** 日本語の先生は学生に新しい単語を覚えさせます。 Nihon-go no sensei wa gakusei ni atarashii tango o oboesasemasu. ・ **5.** この表現は僕に違和感を感じさせました。Kono hyōgen wa boku ni iwakan o kanjisasemashita. ・ **6.** 「海」という本は私に環境のことを考えさせました。 „Umi" to iu hon wa watashi ni kankyō no koto o kangaesasemashita.

Übung 9 **1.** 待たせ matase ・ **2.** 行かせ ikase ・ **3.** 怒らせ okorase ・ **4.** 習わせ narawase ・ **5.** 終わらせ owarase ・ **6.** 休ませれ yasumasere ・ **7.** 遊ばせ asobase

Übung 10 **1.** を、に o , ni ・ **2.** は、に wa , ni ・ **3.** は、を wa, o ・ **4.** は、に、を wa, ni, o ・ **5.** に、を ni, o

Übung 11 **2.** このコンピューターを使わせてください。Kono konpyūtā o tsukawasete kudasai. ・ **3.** （私を）私立の学校に行かせてください。 (Watashi o) shiritsu no gakkō ni ikasete kudasai. ・ **4.** 好きな色を選(えら)ばせてください。Suki na iro o erabasete kudasai. ・ **5.** 写真を撮らせてください。Shashin o torasete kudasai. ・ **6.** 私に意見を言わせてください。Watashi ni iken o iwasete kudasai. ・ **7.** もう少し考えさせてください。Mō sukoshi kangaesasete kudasai.

Übung 12 **1.** がっかりさせてごめん。Gakkari sasete, gomen. ・ **2.** びっくりさせるつもりはなかった。 Bikkuri saseru tsumori wa nakatta. ・ **3.** 昔の女は男に家事をさせませんでした。 Mukashi no onna wa otoko ni kaji o sasemasen deshita. ・ **4.** 子供に何歳からスマホを持たせますか。Kodomo ni nansai kara sumaho o motasemasu ka.

Übung 13 **b)** 書かれる kakareru 書かれます kakaremasu ・ **c)** 見られる mirareru 見られます miraremasu ・ **d)** 来られる korareru 来られます koraremasu ・ **e)** される sareru されます saremasu ・ **f)** 作られる tsukurareru 作られます tsukuraremasu ・ **g)** 殺される korosareru 殺されます korosaremasu ・ **h)** 食べられる taberareru 食べられます taberaremasu ・ **i)** 頼まれる tanomareru 頼まれます tanomaremasu

Übung 14 **1.** この絵はピカソによって描かれました。Kono e wa Pikaso ni yotte kakaremashita. ・ **2.** 「となりのトトロ」という映画は宮崎駿によって作られました。“Tonari no totoro“ toiu eiga wa Miyazaki Hayao ni yotte tsukuraremashita. ・ **3.** 私は先生に叱られました。Watashi wa sensei ni shikararemashita. **4.** 絵文字は若い人によく使われています。 Emoji wa wakai hito ni yoku tsukawarete imasu. ・ **5.** このメールはだれから送られましたか。Kono mēru wa dare kara okuraremashita ka. ・ **6.** 私は学校の委員会によって委員長に選ばれました。 Watashi wa gakkō no i‘inkai ni yotte i‘inchō ni erabaremashita. ・ **7.** 私は母に「マルちゃん」と呼ばれていました。Watashi wa haha ni „Maru-chan“ to yobarete imashita.

Übung 15 **1.** 妹は雨に降られました。Imōto wa ame ni furaremashita. ・ **2.** お母さんは子供に死なれました。O-kāsan wa kodomo ni shinaremashita. ・ **3.** （私は）赤ちゃんに泣かれました。(Watashi wa) akachan ni nakaremashita. ・ **4.** （私は）母に大好きなセーターを捨てられました。(Watashi wa) haha ni daisuki na sētā o suteraremashita. ・ **5.** （私は）兄にスマホを見られてしまった。(Watashi wa) ani ni sumaho o mirarete shimatta. ・ **6.** （私は）妹に先に結婚されました。(Watashi wa) imōto ni saki ni kekkon saremashita. ・ **7.** 息子にパソコンを壊されました。 Musuko ni pasokon o kowasaremashita.

Übung 16 **1.** は、で wa, de ・ **2.** は、を wa, o ・ **3.** は、に wa, ni ・ **4.** は、に wa, ni ・ **5.** に ni ・ **6.** は、に *oder* から wa, ni *oder* kara ・ **7.** が、に ga, ni

Übung 17 Passiv: 2, 6 ・ Potentialis: 3, 5 ・ Keigo: 1, 4, 7

Übung 18 **1.** 待たせられました matase-raremashita ・ **2.** 泣かせられます nakase-raremasu ・ **3.** 覚えさせられます oboesase-raremasu ・ **4.** 下げさせられました sagesase-raremashita ・ **5.** 通わせられました kayowase-raremashita ・ **6.** 考えさせられます kangaesase-raremasu ・ **7.** 感じさせられました kanjisase-raremashita oder 感じさせられます kanjisaseraremasu

Übung 19 **1.** a) ・ **2.** a) ・ **3.** b) ・ **4.** b) ・ **5.** a) ・ **6.** a)

Übung 20 **1.** 日本人はよく働くと言われています。 Nihon-jin wa yoku hataraku to iwarete imasu. ・ **2.** （僕は）彼女に振られました。(Boku wa) kanojo ni furaremashita. (*Statt* 僕 boku *ist auch* 私 watashi *möglich*.) ・ **3.** このお寺はいつ建てられましたか。Kono o-tera wa itsu tateraremashita ka. ・ **4.** 母に怒られました。Haha ni okoraremashita. ・ **5.** 難しい質問をされました。 Muzukashii shitsumon o saremashita. ・ **6.** 虫に刺されました。 Mushi ni sasaremashita. ・ **7.** 名前を呼ばれたら、「はい」と答えてください。Namae o yobaretara, „hai" to kotaete kudasai. ・ **8.** このアプリは禁止されました。Kono apuri wa kinshi saremashita. ・ **9.** （お）店で暗証番号の入力を求められました。 (O-)Mise de anshō bangō no nyūryoku o motomeraremashita. ・ **10.** その基準はいつ決められましたか。Sono kijun wa itsu kimeraremashita ka. ・ **11.** 若いと言われたくないです。Wakai to iwaretaku nai desu.

Lösungen Kapitel 12 Absichten und Wünsche

Übung 1 **1.** f) · **2.** a) · **3.** b) · **4.** c) · **5.** e) · **6.** d)

Übung 2 **a)** 寝たい netai · **b)** 寝たくない netaku nai · **c)** 寝たくなかった netaku nakatta **d)** 見る miru · **e)** 見たくない mitaku nai · **f)** 見たかった mitakatta · **g)** 見たくなかった mitaku nakatta · **h)** する suru · **i)** したくない shitaku nai · **j)** したかった shitakatta · **k)** 待つ matsu · **l)** 待ちたい machitai · **m)** 待ちたかった machitakatta · **n)** 待ちたくなかった machitaku nakatta

Übung 3 **1.** みたいです mitai desu · **2.** なりたかったです naritakatta desu · **3.** 知りたがっています shiritagatte imasu · **4.** 行きたくないです ikitaku nai desu · **5.** 帰りたいです kaeritai desu · **6.** 言いたがっている iitagatte iru *oder* 言いたい iitai · **7.** したくて shitakute · **8.** したくなかったです shitaku nakatta desu

Übung 4 **a)** 行こう ikō · **b)** 入ろう hairō · **c)** 食べよう tabeyō · **d)** 飲もう nomō · **e)** 急ごう isogō · **f)** 書こう kakō · **g)** 呼ぼう yobō · **h)** 待とう matō · **i)** 買おう kaō · **j)** 見よう miyō · **k)** 話そう hanasō · **l)** しよう shiyō · **m)** 来よう koyō · **n)** 考えよう kangaeyō · **o)** もらおう moraō

Übung 5 **1.** 韓国語を習うつもりです。Kankoku-go o narau tsumori desu. · **2.** 大学院に進むつもりです。Daigakuin ni susumu tsumori desu. · **3.** 昨日、親に話すつもりでした。Kinō, oya ni hanasu tsumori deshita. · **4.** 会社を辞めるつもりはありません。Kaisha o yameru tsumori wa arimasen. · **5.** 寝るつもりはありませんでした。Neru tsumori wa arimasen deshita. · **6.** 来年結婚するつもりです。Rainen kekkon suru tsumori desu. · **7.** もうたばこを吸わないつもりです。 Mō tabako o suwanai tsumori desu.

Übung 6 **1.** d) · **2.** c) · **3.** b) · **4.** a)

Übung 7 **1.** 早く夏になってほしい（です）。 Hayaku natsu ni natte hoshii (desu). · **2.** 少し休みたい（です）。Sukoshi yasumitai (desu). ・ **3.** 今晩スパゲティを作ろうと思っています。 Konban supageti o tsukurō to omotte imasu. ・ **4.** 4月に新しいアパートに引っ越すつもりです。Shigatsu ni atarashii apāto ni hikkosu tsumori desu. ・ **5.** 明子さんはもう少しここにいたがっています。Akiko-san wa mō sukoshi koko ni itagatte imasu.

Lösungen Kapitel 13 Erlaubnisse, Befehle und Verbote

Übung 1 **a)** 帰れ kaere ・ **b)** 話してください hanashite kudasai ・ **c)** 話しなさい hanashinasai ・ **d)** 読んでください yonde kudasai ・ **e)** 読め yome ・ **f)** 勉強しなさい benkyō shinasai ・ **g)** 勉強しろ benkyō shiro ・ **h)** 来てください kite kudasai ・ **i)** 来い koi ・ **j)** 書いてください kaite kudasai ・ **k)** 書きなさい kakinasai ・ **l)** 食べなさい tabenasai ・ **m)** 食べろ tabero ・ **n)** 見てください mite kudasai ・ **o)** 見ろ miro

Übung 2 **1.** a) ・ **2.** d) ・ **3.** b) ・ **4.** c)

Übung 3 **1.** b) ・ **2.** e) ・ **3.** a) ・ **4.** c) ・ **5.** d)

Übung 4 **1.** 教室に入ってもいいですか。Kyōshitsu ni haitte mo ii desu ka. ・ **2.** たばこを吸ってもいいですか。 Tabako o sutte mo ii desu ka. ・ **3.** このボールペンを使ってもいいですか。Kono bōrupen o tsukatte mo ii desu ka. ・ **4.** 質問してもいいですか。Shitsumon shite mo ii desu ka. ・ **5.** ケーキをもう一個食べてもいいですか。Kēki o mō ikko tabete mo ii desu ka. ・ **6.** あした授業を休んでもいいですか。 Ashita jugyō o yasunde mo ii desu ka ・ **7.** もう少しここにいて（も）いい? Mō sukoshi koko ni ite (mo) ii? ・ **8.** 早めに帰って（も）いい? Hayame ni kaette (mo) ii? ・ **9.** 着物を着てみて（も）いい? Kimono o kite mite (mo) ii?

Übung 5 **1.** 教室に入ってはいけません。Kyōshitsu ni haitte wa ikemasen. ・ **2.** たばこを吸ってはいけません。 Tabako o sutte wa ikemasen. ・ **3.** このボールペンを使ってはいけません。Kono bōrupen o tsukatte wa ikemasen. ・ **4.** 質問してはいけません。

Shitsumon shite wa ikemasen. ・ **5.** ケーキをもう一個食べてはいけません。Kēki o mō ikko tabete wa ikemasen. ・ **6.** あした授業を休んではいけません。 Ashita jugyō o yasunde wa ikemasen. ・ **7.** もう少しここにいてはいけない。 Mō sukoshi koko ni ite wa ikenai. ・ **8.** 早めに帰ってはいけない。 Hayame ni kaette wa ikenai. ・ **9.** 着物を着てみてはいけない。Kimono o kite mite wa ikenai.

Übung 6 **2.** 「ハーフ」と言っちゃだめだよ。"Hāfu" to itcha dame da yo. ・ **3.** 大きい声で話しちゃだめだよ。Ōkii koe de hanashicha dame da yo. ・ **4.** あの子と遊んじゃだめだよ。Ano ko to asonja dame da yo. ・ **5.** 邪魔しちゃだめだよ。Jama shicha dame da yo.

Übung 7 **1.** c) ・ **2.** d) ・ **3.** f) ・ **4.** b) ・ **6.** e) ; *5 und a haben die gleiche Bedeutung*.

Übung 8 **1.** しないで shinaide ・ **2.** 座って suwatte ・ **3.** 勉強し benkyō shi ・ **4.** 使って tsukatte ・ **5.** 払わ harawa ・ **6.** 片付け katazuke ・ **7.** する suru; 帰れ kaere ・ **8.** 急が isoga

Übung 9 **1.** バスの中でアイスを食べてはいけません。Basu no naka de aisu o tabete wa ikemasen. ・ **2.** 座りなさい！ Suwarinasai! ・ **3.** ゲームをして（も）いい。Gēmu o shite (mo) ii? ・ **4.** 急がなければいけません/なりません。もうすぐ授業が始まりますから。 Isoganakereba ikemasen/narimasen. Mō sugu jugyō ga hajimarimasu kara. ・ **5.** あした掃除をしなきゃならない/いけない。お母さんが訪ねてくるから。 Ashita sōji o shinakya naranai/ikenai. O-kāsan ga tazunete kuru kara. ・ **6.** 借りたものは返さなければなりません。Karita mono wa kaesanakereba narimasen. *oder* …返すべきです。 …kaesu beki desu. ・ **7.** このお米は本当に洗わなくてもいいですか。Kono o-kome wa hontō ni arawanakute mo ii desu ka. ・ **8.** 心配しなくてもいいです。 Shinpai shinakute mo ii desu. ・ **9.** あの人は新しい先生にちがいない。Ano hito wa atarashii sensei ni chigai nai. ・ **10.** 彼は一年間勉強しました。合格するに決まってい

ます。Kare wa ichinenkan benkyō shimashita. Gokaku suru ni kimatte imasu. ・ **11.** 貴重な経験させてもらってありがとうございます。 Kichō na keiken sasete moratte arigatō gozaimasu. ・ **12.** 急がなきゃ。遅刻してはだまだ。 Isoganakya! Chikoku shite wa dame da.

Lösungen Kapitel 14 Adjektive

Übung 1 **i-Adjektive:** b, c, e, g, i, j, k, n, o, p, q, r, t **na-Adjektive:** a, d, f, h, l, m, s

Übung 2 **1.** a ・ **2.** b ・ **3.** a ・ **4.** a *oder* b ・ **5.** a ・ **6.** a ・ **7.** b

Übung 3 **a)** 上手です jōzu desu ・ **b)** 高いです takai desu ・ **c)** 嫌いな kirai na ・ **d)** いい ii ・ **e)** 若い、多いです wakai, ōi desu ・ **f)** 大事な daiji na ・ **g)** 静かな shizuka na ・**h)** 新しい atarashii

Übung 4 **a)** 長くないです nagakunai desu ・ **b)** 早くないです hayakunai desu ・ **c)** 安くないです yasukunai desu ・ **d)** 元気じゃないです genki ja nai desu *oder* 元気じゃありません genki ja arimasen ・ **e)** よくないです yokunai desu ・ **f)** 大変じゃないです taihen ja nai desu *oder* 大変じゃありません taihen ja arimasen ・ **g)** 面白くないです omoshirokunai desu ・ **h)** にぎやかじゃないです nigiyaka ja nai desu *oder* にぎやかじゃありません nigiyaka ja arimasen ・ **i)** つまらなくないです tsumaranakunai desu ・ **j)** 好きじゃないです suki ja nai desu *oder* 好きじゃありません suki ja arimasen. (*Bei a, b, c, e, g und i kann statt* ないです nai desu *auch* ありません arimasen *stehen*.)

Übung 5 **Höflicher Stil: a)** 少なかったです sukunakatta desu ・ **b)** 遅かったです osokatta desu ・ **c)** 小さかったです chiisakatta desu ・ **d)** 親切でした shinsetsu deshita ・ **e)** よかったです yokatta desu ・ **f)** 重要でした jūyō deshita ・ **g)** 怖かったです kowakatta desu ・ **h)** 上手でした jōzu deshita ・ **i)** 高かったです takakatta desu ・

j) きれいでした kirei deshita

Neutraler Stil: a) 少なかった sukunakatta ・ **b)** 遅かった osokatta ・ **c)** 小さかった chiisakatta ・ **d)** 親切だった shinsetsu datta・ **e)** よかった yokatta ・ **f)** 重要だった jūyō datta・ **g)** 怖かった kowakatta ・ **h)** 上手だった jōzu datta・ **i)** 高かった takakatta ・ **j)** きれいだった kirei datta

Übung 6 **a)** 楽しくなかったです tanoshiku nakatta desu ・ **b)** 短くなかったです mijikaku nakatta desu ・ **c)** 高くなかったです takaku nakatta desu ・ **d)** 元気じゃなかったです genki ja nakatta desu *oder* 元気じゃありませんでした genki ja arimasen deshita ・ **e)** よくなかったです yoku nakatta desu ・ **f)** 暇じゃなかったです hima ja nakatta desu *oder* 暇じゃありませんでした hima ja arimasen deshita ・ **g)** 優しくなかったです yasashiku nakatta desu ・ **h)** 好きじゃなかったです suki ja nakatta desu *oder* 好きじゃありませんでした suki ja arimasen deshita (*Bei a, b, d, e, und g kann statt* なかったです nakatta desu *auch* ありませんでした arimasen deshita *stehen*.)

Übung 7 **1.** 寒かったです samukatta desu・ **2.** 忙しくなかったです isogashiku nakatta desu *oder* 忙しくありませんでした isogashiku arimasen deshita・ **3.** 怖くない kowakunai・ **4.** 元気でした genki deshita ・ **5.** 好きじゃありません suki ja arimasen *oder* 好きじゃないです suki ja nai desu.

Übung 8 **a** 高くない takakunai ・ **b** 高かった takakatta ・ **c** 高くなかった takaku nakatta ・ **d** 早い hayai ・ **e** 早かった hayakatta ・ **f** 早くなかった hayaku nakatta ・ **g** 悪い warui ・ **h** 悪くない warukunai ・ **i** 悪くなかった waruku nakatta ・ **j** いい *oder* よい ii *oder* yoi ・ **k** よかった yokatta ・ **l** よくなかった yoku nakatta ・ **m** 好きではない *oder* 好きじゃない suki dewa nai *oder* suki ja nai ・ **n** 好きだった suki datta ・ **o** 好きではなかった *oder* 好きじゃなかった suki dewa nakatta *oder* suki ja nakatta ・ **p** 上手だ jōzu da・ **q** 上手ではない *oder* 上手じゃない jōzu dewa nai *oder* jōzu ja nai ・ **r** 上

手ではなかった jōzu dewa nakatta *oder* 上手じゃなかった jōzu ja nakatta.

Übung 9 **a)** 低くて hikukute ・ **b)** 寒くて samukute ・ **c)** 面白くて omoshirokute ・ **d)** 元気で genki de ・ **e)** よくて yokute ・ **f)** 便利で benri de ・ **g)** 暑くて atsukute ・ **h)** きれいで kirei de

Übung 10 **a)** …広くて、便利です。… hirokute benri desu. ・ **b)** …かっこよくて、高いです。 … kakko yokute, takai desu. ・ **c)** …静かで、学生が多いです。… shizuka de, gakusei ga ōi desu. ・ **d)** …おいしくて、安いです。… oishikute, yasui desu. ・ **e)** …元気で、優しいです。… genki de, yasashii desu. ・ **f)** …まじめで、厳しいです。 … majime de, kibishii desu. ・ **g)** …背が低くて、可愛かったです。 … se ga hikukute, kawaikatta desu.

Übung 11 **1.** 暑い atsui・ **2.** 暑かった atsukatta・ **3.** 好きじゃない *oder* 好きではない suki ja nai *oder* suki dewa nai・ **4.** 上手だった jōzu datta・上手じゃない *oder* 上手ではない jōzu ja nai *oder* jōzu dewa nai・ **5.** 楽しくなかった tanoshiku nakatta・ **6.** かっこよくて、まじめそうだ kakko yokute, majimesō da ・ **7.** 楽しくて、好きな tanoshikute, suki na

Übung 12 **a)** 早く hayaku ・ **b)** 小さく chiisaku ・ **c)** 長く nagaku ・ **d)** 上手に jōzu ni ・ **e)** よく yoku ・ **f)** 静かに shizuka ni ・ **g)** 難しく muzukashiku ・ **h)** きれいに kirei ni

Übung 13 **a)** きれいに kirei ni ・ **b)** 早く hayaku ・ **c)** 遅い osoi ・ **d)** 上手に jōzu ni ・ **e)** 小さい、大きく chiisai, ōkiku・ **f)** 有名な yūmei na

Übung 14 **1.** 近くの chikaku no ・ **2.** 特別な tokubetsu na ・ **3.** 同じ onaji・ **4.** 普通の futsū no・ **5.** 大きな ōkina *oder* 大きい ōkii・ **6.** 多くの ōku no

Übung 15 **1.** 東京は大きい町です。Tōkyō wa ōkii machi desu. (*Es geht auch* 大きな町 ōki na machi) ・**2.** 私は東京が好きです。新しい建物がたくさんあります。 Watashi wa Tōkyō ga suki desu. Atarashii tatemono ga takusan arimasu. ・**3.** 有名な東京スカイツリーは高くて、かっこいい（です）！Yūmei na Tōkyō Sukaitsurī wa takakute, kakko ii (desu)! ・ **4.** 昨日は人が多かったです。 Kinō wa hito ga ōkatta desu. ・ **5.** でも天気が悪かったので、景色があまりよくなかったです。Demo tenki ga warukatta node, keshiki ga amari yoku nakatta desu. (*Es geht auch:* でも天気が悪くて、景色… Demo tenki ga warukute, keshiki…) ・ **6.** 私達はすぐに下りました。それでも楽しかったです。Watashitachi wa sugu ni orimashita. Sore demo tanoshikatta desu. ・ **7.** 私はもうすぐドイツに帰るから、悲しいです。ホストファミリーのお兄さんも悲しがっていると思います。*oder* …悲しそうです。Watashi wa mō sugu Doitsu ni kaeru kara, kanashii desu. Hosuto famirī no o-nīsan mo kanashigatte iru to omoimasu. *oder* …kanashisō desu.

Lösungen Kapitel 15 Adverbien

Übung 1 2. ・ 4. ・ 6. ・ 7.

Übung 2 **1.** 大きく ōkiku ・ **2.** 静かに shizuka ni ・ **3.** 早く hayaku ・ **4.** 丁寧に teinei ni ・ **5.** 遅く osoku ・ **6.** よく yoku

Übung 3 **1.** b ・ **2.** a ・ **3.** a ・ **4.** b ・ **5.** b ・ **6.** a ・ **7.** a

Übung 4 **I: 1.** b) **2.** a) **3.** c) – **II: 1.** a) **2.** b) – **III: 1.** b) **2.** a) – **IV: 1.** a) **2.** b)

Übung 5 **1.** b ・ **2.** a ・ **3.** b ・ **4.** b ・ **5.** b ・ **6.** b

Übung 6 **1.** 食べていません tabete imasen ・ **2.** 買っていません katte imasen ・ **3.** 見ていません mite imasen ・ **4.** 返していない kaeshite inai ・ **5.** 作っていない tsukutte inai

Übung 7 **1** b) ・ **2** a) ・ **3** c) ・ **4** d)

Übung 8 **1.** 寒くなりました。Samuku narimashita. ・ **2.** 日本人は太陽を赤く塗ります。Nihon-jin wa taiyō o akaku nurimasu. ・ **3.** 彼は簡単に説明してくれました。Kare wa kantan ni setsumei shite kuremashita. (*Es geht auch* 説明しました setsumei shimashita) ・ **4.** 子供達は無事に帰ってきました。Kodomo-tachi wa buji ni kaette kimashita. ・ **5.** 試験は非常に難しかったです。Shiken wa hijō ni muzukashikatta desu. ・ **6.** 髪を短く切ってしまいました。Kami o mijikaku kitte shimaimashita. ・ **7.** 日本語を楽しく勉強しよう! Nihon-go o tanoshiku benkyō shiyō. ・ **8.** 残念ながら日本に行けません。Zannen nagara NIhon ni ikemasen. ・ **9.** 私はテレビを全然見ません。Watashi wa terebi o zenzen mimasen. ・ **10.** まだ8時です。Mada hachiji desu. ・ **11.** お腹がまだ空きません。O-naka ga mada sukimasen. ・ **12.** もう少し待ってください。Mō sukoshi matte kudasai.

Lösungen Kapitel 16 Steigerungsformen

Übung 1 **2.** 富士山とエベレスト（と）ではどちらのほうが高いですか。 Fujisan to Eberesuto (to) dewa dochira no hō ga takai desu ka. ・ **3.** ライン川とアマゾン川（と）ではどちらのほうが長いですか。Rain-gawa to Amazon-gawa (to) dewa dochira no hō ga nagai desu ka. ・ **4.** 東京とベルリン（と）ではどちらのほうが大きいですか。Tōkyō to Berurin (to) dewa dochira no hō ga ōkii desu ka. ・ **5.** エッフェル塔と東京タワー（と）ではどちらのほうが古いですか。Efferu-tō to Tōkyō-tawā (to) dewa dochira no hō ga furui desu ka. ・ **6.** 漢字と平仮名（と）ではどちらのほうが難しいですか。Kanji to hiragana (to) dewa dochira no hō ga muzukashii desu ka. ・ **7.** 南極と北極（と）ではどちらのほうが寒いですか。Nankyoku to Hokkyoku (to) dewa dochira no hō ga samui desu ka.

Übung 2 **2.** エベレストのほうが富士山より高いです。Eberesuto no hō ga Fujisan yori takai desu. ・ **3.** アマゾン川のほうがライン川より長いです。Amazon-gawa no hō ga Rain-gawa yori nagai desu. ・ **4.** 東京のほうがベルリンより大きいです。Tōkyō no hō ga Berurin yori ōkii desu. ・ **5.** エッフェル塔のほうが東京タワーより古いです。Efferu-tō no hō ga Tōkyō-tawā yori furui desu. ・ **6.** 漢字のほうが平仮名より難しいです。Kanji no hō ga hiragana yori muzukashii desu. ・ **7.** 南極のほうが北極より寒いです。Nankyoku no hō ga Hokkyoku yori samui desu.

Übung 3 **1.** を o ・ **2.** で de ・ **3.** が ga ・ **4.** に ni

Übung 4 **1.** (アルファベットは) 平仮名ほど多くないです。(Arufabetto wa) hiragana hodo ōkunai desu. ・ **2.** (平仮名は) 漢字ほど古くないです。(Hiragana wa) kanji hodo furukunai desu. ・ **3.** (ホテルは) 旅館ほど高くないです。(Hoteru wa) ryokan hodo takakunai desu. ・ **4.** (ドイツ料理は) 日本料理ほどおいしくない。(Doitsu ryōri wa) Nihon ryōri hodo oishikunai. ・ **5.** (漢字は) 平仮名ほど簡単じゃないです。 (Kanji wa) hiragana hodo kantan ja nai desu. ・ **6.** (芥川賞は) ノーベル賞ほど有名じゃないです。(Akutagawa-shō wa) Nōberu-shō hodo yūmei ja nai desu. (*In 5. und 6. geht auch* じゃありません ja arimasen *statt* じゃないです ja nai desu.)

Übung 5 **1.** 動物の中で何が一番足が速いですか。Dōbutsu no naka de nani ga ichiban ashi ga hayai desu ka. ・ **2.** 学生の中でだれが一番頭がいいですか。Gakusei no naka de dare ga ichiban atama ga ii desu ka. ・ **3.** 日本料理の中で何が一番好きですか。Nihon ryōri no naka de nani ga ichiban suki desu ka. ・ **4.** 家事の中で何が一番嫌いですか。Kaji no naka de nani ga ichiban kirai desu ka. ・ **5.** バスと電車と新幹線の中で何が一番速いですか。Basu to densha to shinkansen no naka de nani ga ichiban hayai desu ka. ・ **6.** お寿司と天ぷらととんかつの中で何が一番好きですか。O-sushi to tenpura to tonkatsu no naka de nani ga ichiban suki desu ka.

Übung 6 **1.** いつ itsu ・ **2.** どこ doko ・ **3.** だれ dare ・ **4.** 何 nani *oder* どれ dore ・ **5.** 何 nani ・ **6.** どこ doko ・ **7.** 何 nani

Übung 7 **1.** ベルリンのほうがフランクフルトより大きいです。*oder* ベルリンはフランクフルト… Berurin no hō ga Furankufuruto yori ōkii desu. *oder* Berurin wa Furankufuruto … · **2.** フランクフルトはベルリンほど大きくないです。 Furankufuruto wa Berurin hodo ōkikunai desu. · **3.** うどんとそば（と）ではどちらのほうが好きですか。Udon to soba (to) dewa dochira no hō ga suki desu ka. · **4.** 季節の中でいつが一番暖かいですか。Kisetsu no naka de itsu ga ichiban atatakai desu ka. · **5.** 日本の山の中で富士山が一番高いです。Nihon no yama no naka de Fujisan ga ichiban takai desu. · **6.** ドイツの町の中でどこに一番住みたいですか。Doitsu no machi no naka de doko ni ichiban sumitai desu ka.

Lösungen Kapitel 17 Konjunktionen

Übung 1 **1.** e) · **2.** c) · **3.** b) · **4.** a) · **5.** d) · **6.** f)

Übung 2 **1.** 雨が降っているから、タクシーで帰ります。Ame ga futte iru kara, takushī de kaerimasu. · **2.** 時間がなかったから、パーティーに行きませんでした。 Jikan ga nakatta kara, pātī ni ikimasen deshita. · **3.** あのレストランはおいしいから、よく食べに行きます。 Ano resutoran wa oishii kara, yoku tabe ni ikimasu. · **4.** 頭が痛いから、薬を飲みました。Atama ga itai kara, kusuri o nomimashita.

Übung 3 **1.** 先生なので… Sensei na node… · **2.** おいしいので… oishii node… · **3.** *nicht möglich, da* から kara *hier als Partikel nach einem Nomen in der Bedeutung von „seit" verwendet wird* · **4.** 病気なので… byōki na node… · **5.** 試験があるので… shiken ga aru node… · **6.** 高かったので… takakatta node… · **7.** 好きなので… suki na node… · **8.** *nicht möglich, da vor kara die te-Form steht = zeitliche Verwendung „seit, nachdem"*

Übung 4 **1.** a), b), c) · **2.** a), b), c) · **3.** b), c) · **4.** a), b) · **5.** a) · **6.** b)

Übung 5 **1.** 雨が降っているから、散歩に行きません。 Ame ga futte iru kara, sanpo ni ikimasen. *Statt* から kara *sind auch* ので node *oder* ため tame *möglich*. ・ **2.** 病気だから学校に行きません。 *oder*病気なので *oder*… 病気のため Byōki da kara gakkō ni ikimasen. *oder* Byōki na node … *oder* Byōki no tame… ・ **3.** 雨が止んだから散歩に行きませんか。 Ame ga yanda kara sanpo ni ikimasen ka. (ので no de *ist auch möglich*) ・ **4.** 渋滞のためバスが遅れました。 Jūtai no tame basu ga okuremashita.

Übung 6 **1.** d) ・ **2.** e) ・ **3.** a) ・ **4.** d) ・ **5.** c) ・ **6.** b), d), e)

Übung 7 **b)** 待ちながら machinagara ・ **c)** 読みながら yominagara ・ **d)** 勉強しながら benkyō shinagara ・ **e)** たばこを吸いながら tabako o suinagara ・ **f)** 考えながら kangaenagara ・ **g)** 遊びながら asobinagara ・ **h)** 踊りながら odorinagara

Übung 8 **1.** 食べる taberu ・ **2.** 食べた tabeta ・ **3.** 勉強している benkyō shite iru ・ **4.** 帰って kaette ・ **5.** 寝る neru ・ **6.** 飲み nomi ・ **7.** 起きた okita

Übung 9 **1.** 入る hairu ・ **2.** 見る miru ・ **3.** 乗った notta ・ **4.** 笑う warau ・ **5.** 話している hanashite iru ・ **6.** 降りる oriru ・ **7.** 元気な genki na

Übung 10 **1.** b) ・ **2.** c) ・ **3.** a)

Übung 11 **1.** 前に mae ni ・ **2.** うちに uchi ni ・ **3.** ながら nagara ・ **4.** たら tara ・ **5.** 後で ato de ・ **6.** から kara ・ **7.** と to

Übung 12 **1.** c) ・ **2.** a) ・ **3.** b) ・ **4.** b) ・ **5.** a) ・ **6.** c)

Übung 13 **1.** ご飯を食べる前に手を洗いました。 Gohan o taberu mae ni te o araimashita ・ **2.** 勉強をしながら音楽を聞きます。 Benkyō o shinagara ongaku o kikimasu. ・ **3.** 雨が降らないうちに散歩に行きましょう。 Ame ga furanai uchi ni sanpo ni ikimashō. ・ **4.** 家族が寝ている間に、泥棒が入ってきました。Kazoku ga nete iru aida ni, dorobō ga haitte kimashita. ・ **5.** 子供が寝ている間に、掃除しました。Kodomo ga nete iru aida ni, sōji shimashita. ・ **6.** 箱を開けたら、何も入っていませんでした。Hako o aketara, nani mo haitte imasen deshita ・ **7.** 晩ご飯を食べた後で、映画を見ました。Bangohan o tabeta ato de, eiga o mimashita. ・**8.** シャワーを浴びている間に電話が鳴りました。Shawā o abite iru aida ni denwa ga narimashita. ・**9.** 明るいうちに片付けましょう。 Akarui uchi ni katazukemashō.

Übung 14 **1.** a) ・ **2.** a) ・ **3.** b) ・ **4.** a) ・ **5.** b) ・ **6.** b) ・ **7.** a)

Übung 15 **1.** のども痛いし、熱もあるし、きょうは学校を休みます。Nodo mo itai shi, netsu mo aru shi, kyō wa gakkō o yasumimasu. ・ **2.** この仕事は残業も多いし、給料も安いし、だれもやりたがらない。Kono shigoto wa zangyō mo ōi shi, kyūryō mo yasui shi, dare mo yaritagaranai. ・ **3.** この歌手はかっこいいし、声もきれいだし、若者に人気があります。Kono kashu wa kakko ii shi, koe mo kirei da shi, wakamono ni ninki ga arimasu. ・ **4.** この漫画はストーリーも面白いし、絵も可愛いし、よく売れています。Kono manga wa sutōri mo omoshiroi shi, e mo kawaii shi, yoku urete imasu. ・ **5.** この町はきれいだし、安全だし住みやすいです。 Kono machi wa kirei da shi, anzen da shi, sumiyasui desu.

Übung 16 **a)** 開けたり閉めたり aketari shimetari ・ **b)** 出たり入ったり detari haittari・ **c)** 行ったり来たり ittari kitari ・ **d)** 立ったり座ったり tattari suwattari ・ **e)** 高かったり安かったり takakattari yasukattari・**f)** 病気だったり元気だったり byōki dattari genki dattari

Übung 17 **1.** （週末に）たいてい友達に会ったり、映画を見たりします。 (Shūmatsu ni) Taitei tomodachi ni attari, eiga o mitari shimasu. ・ **2.** （先週の週末に）美術館に行ったり、お寿司を食べたりしました。(Senshū no shūmatsu ni) Bijutsukan ni ittari, o-sushi o tabetari shimashita. ・ **3.** （暇な時）本を読んだりゲームをしたりしたいです。(Hima na toki) Hon o yondari gēmu o shitari shitai desu. ・ ・ **4.** 買い物したりカラオケに行ったりするのが好きです。Kaimono shitari karaoke ni ittari suru no ga suki desu.

Übung 18 **1.** ご飯を食べずに、寝ました。Gohan o tabezu ni, nemashita. ・ **2.** *keine Ersetzung möglich vor* ください kudasai. ・ **3.** 傘を持たずに、出かけました。Kasa o motazu ni, dekakemashita. ・ **4.** あの人は勉強せずに、いい点数が取れるから、うらやましいです。Ano hito wa benkyō sezu ni, ii tensū ga toreru kara, urayamashii desu. ・ **5.** 辞書を使わずに、このテキストを読んでみてください。Jisho o tsukawazu ni, kono tekisuto o yonde mite kudasai. ・ **6.** 今の子供は親に聞かずに、スマホで調べるでしょう。Ima no kodomo wa oya ni kikazu ni, sumaho de shiraberu deshō. ・ **7.** *keine Ersetzung möglich, da te-Form kausale Bedeutung hat.*

Übung 19 **a)** 食べたら tabetara ・ **b)** 帰ったら kaettara ・ **c)** 思ったら omottara ・ **d)** 見たら mitara ・ **e)** 飛んだら tondara ・ **f)** 死んだら shindara ・ **g)** 読んだら yondara ・ **h)** 来たら kitara ・ **i)** したら shitara ・ **j)** 勝ったら kattara ・ **k)** 急いだら isoidara ・ **l)** 書いたら kaitara ・ **m)** 行ったら ittara ・ **n)** 話したら hanashitara ・ **o)** 高かったら takakattara ・ **p)** 元気だったら genki dattara ・ **q)** きれいだったら kirei dattara ・ **r)** おいしくなかったら oishuku nakattara ・ **s)** 悪かったら warukattara ・ **t)** よかったら yokattara

Übung 20 **a)** 考えれば kangaereba ・ **b)** 起きれば okireba ・ **c)** 会えば aeba ・ **d)** 消せば keseba ・ **e)** あれば areba ・ **f)** 待てば mateba ・ **g)** 聞けば kikeba ・ **h)** 飲めば nomeba ・ **i)** 死ねば shineba ・ **j)** 泳げば oyogeba ・ **k)** 遊べば asobeba ・ **l)** 来れば kureba ・ **m)** すれば sureba ・ **n)** 元気ならば genki naraba ・ **o)** 暇ならば hima naraba ・ **p)** 古ければ furukereba ・ **q)** 暑ければ atsukereba ・ **r)** 寒くなければ samuku nakereba ・ **s)** 安くなければ yasuku nakereba ・ **t)** よければ yokereba

Übung 21 **1.** 分からなけれ wakaranakere ・ **2.** よかっ yokat ・ **3.** あっ at ・ **4.** 行け ike ・ **5.** 終わっ owat ・ **6.** なら nara

Übung 22 **1.** a) ・ **2.** a) ・ **3.** b) ・**4.** b) ・**5.** a) ・**6.** a) ・**7.** b)

Übung 23 **1.** どうすればいいですか。 Dō sureba ii desu ka. *auch möglich*: どうしたら… dō shitara… ・ **2.** お金がたくさんあったら、何を買いますか。 O-kane ga takusan attara, nani o kaimasu ka. ・ **3.** 暑かったら、窓を開けてください。 Atsukattara, mado o akete kudasai. *oder* 暑ければ… Atsukereba… ・ **4.** ゆっくり話してくれれば、分かります。Yukkuri hanashite kurereba, wakarimasu. ・ **5.** 春になると花が咲きます。 Haru ni naru to hana ga sakimasu. ・ **6.** 私なら、行かないと思います。Watashi nara, ikanai to omoimasu. *oder* 私だったら… Watashi dattara …・ **7.** ダイエットしても痩せません。 Daietto shite mo yasemasen.

Übung 24 **1.** 日本人な Nihon-jin na, 入る hairu ・ **2.** 卒業して sotsugyō shite・**3.** 思い omoi・**4.** 履いた haita・**5.** 始まる hajimaru・**6.** 言わない iwanai・ **7.** 働いている hataraite iru

Lösungen Kapitel 18 Indirekte Rede

Übung 1 **1.** 明子さんは素敵なアパートに住んでいると言いました。Akiko-san wa wa suteki na apāto ni sunde iru to iimashita. ・ **2.** （明子さんは）家賃が安くて、静かだと言いました。(Akiko-san wa) yachin ga yasukute, shizuka da to iimashita. ・**3.** でも、アパートは便利じゃないと言いました。Demo, apāto wa benri ja nai to iimashita. ・**4.** （明子さんは）駅から遠いと言いました。(Akiko-san wa) eki kara tōi to iimashita. ・ **5.** （明子さんは）便利なところに住みたいと言いました。(Akiko-san wa) benri na tokoro ni sumitai to iimashita. ・**6.** （明子さんは）新しいアパートを探していると言いました。(Akiko-san wa) atarashii apāto o sagashite iru to iimashita. ・ **7.** （明子さんは）先週不動産屋に電話をしたと言いました。(Akiko-san wa) senshū fudōsan-ya ni denwa o shita to iimashita.

Übung 2 **1.** 明子さんはその部屋が何階にあるか分かりません。 Akiko-san wa sono heya ga nangai ni aru ka wakarimasen. ・

2. (明子さんは)アパートが駅に近いかどうか分かりません。(Akiko-san wa) apāto ga eki ni chikai ka dō ka wakarimasen. ・**3.** (明子さんは) 駅まで歩いてどのぐらいかかるか分かりません。(Akiko-san wa) eki made aruite dono gurai kakaru ka wakarimasen. ・ **4.** (明子さんは) 家賃がいくらか分かりません。(Akiko-san wa) yachin ga ikura ka wakarimasen. ・**5.** (明子さんは) アパートがいつ建てられたか分かりません。 (Akiko-san wa) apāto ga itsu taterareta ka wakarimasen. ・**6.** (明子さんは) エアコンがあるかどうか分かりません。 (Akiko-san wa) eakon ga aru ka dō ka wakarimasen. ・ **7.** (明子さんは)ペットを飼ってもいいかどうか分かりません。(Akiko-san wa) petto o katte mo ii ka dō ka wakarimasen.

Übung 3 **1.** しないように shinai yō ni ・ **2.** 切るように kiru yō ni ・ **3.** 話すように hanasu yō ni ・ **4.** 吸わないように suwanai yō ni ・ **5.** するように suru yō ni ・ **6.** 運動するように undō suru yō ni

Übung 4 **1.** か ka ・ **2.** かどうか ka dō ka ・ **3.** と to ・ **4.** ように yō ni ・**5.** ように yō ni ・ **6.** か ka ・ **7.** と to

Übung 5 **1.** 次のテストは難しいと思います。Tsugi no tesuto wa muzukashii to omoimasu. ・ **2.** 明子さんはお腹がすいていないと言っています。Akiko-san wa o-naka ga suite inai to itte imasu. ・ **3.** 先生、すみませんが、何とおっしゃいましたか。Sensei, sumimasen ga, nan to osshaimashita ka. ・ **4.** 行けるかどうか分かりません。Ikeru ka dō ka wakarimasen. ・**5.** どうしたらいいか分かりません。Dō shitara ii ka wakarimasen. ・ **6.** 納豆は健康にいいと言われています。Nattō wa kenkō ni ii to iwarete imasu.

Lösungen Kapitel 19 Sprechereinstellungen

Übung 1 **2.** 熱があるんです。Netsu ga aru n desu. ・ **3.** 病気なんです。 Byōki na n desu. ・ **4.** 財布を無くしたんです。Saifu o nakushita n desu. ・**5.** お金がないんです。O-kane ga nai n desu. ・

6. 友達を待っているんです。 Tomodachi o matte iru n desu. ・ **7.** 友達がいなくて、寂しいんです。Tomodachi ga inakute, sabishii n desu.

Übung 2 **1.** 今日は晴れでしょう。Kyō wa hare deshō. ・ **2.** あしたは晴れじゃないでしょう。 Ashita wa hare ja nai deshō. ・ **3.** あした雨が降るでしょう。Ashita ame ga furu deshō. ・ **4.** 今日は暖かいでしょう。Kyō wa atatakai deshō. ・ **5.** あしたはそんなに暖かくないでしょう。 Ashita wa sonna ni atatakakunai deshō. ・ **6.** きのう曇りだったでしょう。Kinō kumori datta deshō. ・ **7.** 気温は 30 度じゃなかったでしょう。Kion wa sanjūdō ja nakatta deshō.

Übung 3 **1.** 明子さんはもう来るまい。Akiko-san wa mō kuru mai. ・ **2.** 兄はもう結婚するまい。 Ani wa mō kekkon suru mai. ・ **3.** 調査をしなければなるまい。Chōsa o shinakereba naru mai. ・ **4.** 登録しても悪くあるまい。Tōroku shite mo waruku aru mai. ・ **5.** …それほど難しくあるまい。…sore hodo muzukashiku aru mai ・ **6.** 興味のない人には面白くあるまい。 Kyōmi no nai hito niwa omoshiroku aru mai.

Übung 4 **a)** 先生みたい（です） sensei mitai (desu) ・ **b)** 先生らしい（です） sensei rashii (desu) ・ **c)** 先生のようです sensei no yō desu ・ **d)** 大変みたい（です） taihen mitai (desu) ・ **e)** 大変らしい（です） taihen rashii (desu) ・ **f)** 大変なようです taihen na yō desu ・ **g)** 大変だったみたい（です） taihen datta mitai (desu) ・ **h)** 大変だったらしい（です） taihen datta rashii (desu) ・ **i)** 大変だったようです taihen datta yō desu ・ **j)** 高いみたい（です）takai mitai (desu) ・ **k)** 高いらしい（です） takai rashii (desu) ・ **l)** 高いようです takai yō desu ・ **m)** 行くみたい（です） iku mitai (desu) ・ **n)** 行くらしい（です） iku rashii (desu) ・ **o)** 行くようです iku yō desu ・ **p)** 行かないみたい（です） ikanai mitai (desu) ・ **q)** 行かないらしい（です） ikanai rashii (desu) ・ **r)** 行かないようです ikanai yō desu

Übung 5 **1.** …来るかもしれません。 …kuru kamo shiremasen. ・ **2.** …後悔するかもしれません。 …kōkai suru kamo shiremasen. · **3.** …疲れたかもしれません。…ts$_u$kareta kamo shiremasen. · **4.** 大丈夫かもしれません。 Daijōbu kamo shiremasen · **5.** · 夢だったかもしれません。Yume datta kamo shiremasen. · **6.** …勉強しなかったかもしれません。 …benkyō shinakatta kamo shiremasen.

Übung 6 **a)** 降りそうです furisō des$_u$ · **b)** 成功しそうです seikō shisō des$_u$ · **c)** 起きそうです okisō des$_u$ · **d)** おいしそうです oish$_i$sō des$_u$ · **e)** 死にそうです shinisō des$_u$ · **f)** よさそうです yosasō des$_u$ · **g)** 泣きそうです nakisō des$_u$ · **h)** お金がなさそうです o-kane ga nasasō des$_u$ · **i)** 来そうです kisō des$_u$ · **j)** 大変そうです taihen sō des$_u$

Übung 7 **1.** a · **2.** b · **3.** a · **4.** b · **5.** b · **6.** b · **7.** a

Übung 8 **1.** お肉が嫌なようです。O-niku ga kirai na yō des$_u$. · **2.** 壊れているようです。Kowarete iru yō des$_u$. · **3.** 留守のようだ。Rusu no yō da. · **4.** *nicht möglich, da* みたい *die ursprüngliche Bedeutung von „sehen wollen" hat*. · **5.** 足りないようです。Tarinai yō des$_u$.

Index